사랑
두 글자만
쓰다가
다 닳은 연필

이외수 명상집

사랑 두 글자만 쓰다가 다 뭉은 연필

해냄

차례

1장
사랑보다 아름다운 말이 어디 있으랴

사랑을 담는 그릇•11 사랑받고 싶은 마음, 행복해지고 싶은 마음•15 나는 당신을 간직합니다•17 아주 작은 사랑이 쌓이고 쌓여 아주 큰 사랑이 된다•18 징그럽다, 사랑스럽다•20 사랑보다 아름다운 말이 어디 있으랴•22 영혼과 육신과 정신의 조화로움에 대하여•25 사랑하는 일, 기다리는 일•27 월광 소나타•29 함께, 나란히 촛불처럼 켜져 있고 싶다•31 사랑, 닫힌 문을 여는 열쇠•33 사랑이라는 것은 어떤 것인가•35 사랑의 예감•37

2장

세상은 썩어가도 숲은 푸르고

스스로 벌거벗은 나목의 지혜 • 41   눈물겹게 사랑하는 마음 • 43   이슬방울 속에 들어 있는 산 • 45   기쁨을 느낄 수 있는 경지 • 47   청개구리 엄마 • 49   바람이 불어온다 • 51   풀과 나무들이 바라보는 곳 • 53   돌, 풀, 별, 꿈의 향기를 그윽하게 할 때까지 • 55

3장

인생은 겨울 홀로 걷는 꿈

고통을 기꺼이 영접하라 • 59   고통은 곧 육체에 대한 정신의 승리이다 • 62   주여! 당신의 참뜻을 알게 하소서…… • 65   사랑의 길에 놓인 덫과 함정 • 67   모순 • 69   세뇌를 거부하고 영혼으로 느껴라 • 71   싸늘한 슬픔 • 74   사람이 그립다 • 76   내가 아무런 의미도 없다는 건 억울하다 • 79   당신의 길 • 82   가슴 안에 매달려 있는 자물쇠 • 84   지구로의 유배 • 86   다정도 병인 양하여 잠 못 들던 우리 • 89   슬픈 날은 술 퍼, 술 푼 날은 슬퍼 • 91

4장

비 오는 날 새들은 어디 있을까

자연, 신이 선물한 최고의 사랑•95 조물주가 저술한 아름다운 한 권의 책•97 장점과 단점에 대하여•99 조화는 곧 진화다•100 엑스트라의 무대, 지구•103 나비의 가르침•106 지렁이의 가르침•108 누에의 가르침•110 입내새의 가르침•112 이름 없는 것들의 가르침•113 시간의 가르침•115 물의 가르침•118 연못에 비친 달을 누가 훔치랴•121

5장

날개가 있다고 모두 새는 아니다

영혼의 눈으로 보는 세상을 보는 사람들•127 예술은 아름다움을 추구하는 하나의 종교•129 시인•132 시(詩)는……•135 그리고 시인이여!•137 나의 소설•139 나의 그림•143 작품 하나만을•146

6장

멀고도 슬픈 길

확인하라, 날마다 확인하라•151 가난한 자의 꿈•153 가난한 사람은•156 사는 것이 수행(修行)이다•158 먼지가 되어•160 편지를 쓰고 싶다•162 생명의 진리가 반짝이고 있다•164 나는 다시 살아나고 싶었다•166 슬픈 날, 술 픈 날•168 돈은 선하다•170 인간은 사랑받을 때 가장 행복하다•172

7장

보내는 자의 노래

소망과 욕망 사이 • 177 우리는 언제 어디서 무엇이 되어 다시 만나랴 • 179 진정 행복하다는 것은 무엇인가 • 181 바늘귀에 실을 꿰는 일 • 183 가난한 날의 사랑 • 185 빈손 • 186 용비봉무(龍飛鳳舞) • 189 무의미의 정체 • 192 녹차를 달이는 법에 대하여 • 194 나를 버리면, 세상은 전부 내 것이 된다 • 195 편지 • 198 역지사지(易地思之)에 대하여 • 199 허공 속을 바람같이 • 200 집착은 욕망을 낳는다 • 202 자연의 마음, 인간의 마음, 하늘의 마음 • 204 마음먹기 • 206 만물을 사랑하는 그 마음만 키워다오 • 209 행복과 탐욕과 불행의 근원 • 211

8장

욕망의 청동거울

얼마나 가련한 존재들인가 • 217 사랑을 상실한 이 시대 • 221 마음을 쓰는 법을 모르면 • 224 국적불명 • 227 낭만에 대하여 • 229 이나 벼룩 따위여야 하겠는가 • 230 난치 혹은 불치 • 232 눈물겨워라, 세상이여 • 234 길이요, 진리요, 생명은 것은 무엇인가 • 249

9장

다시 봄 여름 가을 겨울 • 263

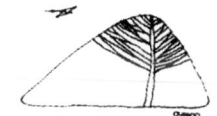

10장

몽환의 도시

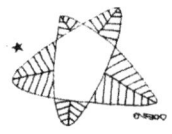

천재에 대하여•281 꿈속에서•284 인간의 존재•286 영혼으로 느낄 수 있는 신(神)•288 내 안의 예수와 유다•290 귀천(貴賤)•292 하느님, 하느님•295 단상(斷想)•297 속물•299 오답•301 지구상에서 가장 이기적인 동물•303 고향•304 우리는 눈이 되어 내리리라•306 신(神)은……•309 화살표는……•311 어둠을 갉아먹는 소리•313 결심•314 물고기•316 수문(水門)•318 하늘•319 물고기의 눈•321 정신의 뼈•323 호수•325 촛불•326 방패연•327

마지막 장

나는 나다

사물을 사랑하는 마음•331 자신을 낚는 법•333 천국과 지옥에 대하여•335 한 뼘의 키가 자라기까지•336 마음의 자취•338 인연이란•340 윤회란, 별로 가는 여행•342 공존•348 우주를 비추는 거울•350 실제, 깨달음•352 그대는 아는가•354 도인을 찾아서•356 아무리 작은 한 점의 먼지라고 하더라도•358 먼지에서 내가 얻어낸 교훈•360 윤회의 강물 뒤에는•362 도(道)에 대하여•364 내면의 아름다움은 영원하다•366 티끌 한 점 없는 가을 하늘•368 은유의 마을과 직유의 마을•370 소중한 가치•372

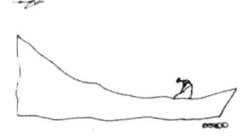

1장

사랑보다 아름다운 말이 어디 있으랴

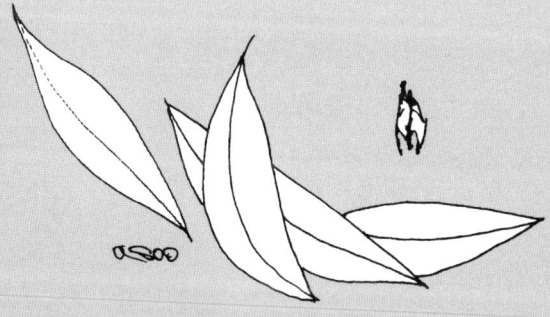

사랑을 담는 그릇

 고통 없는 사랑이 어디 있으랴. 사랑의 고통은 살아 있는 자의 고통이다. 그것은 도저히 지울 수 없는 영원한 상처인 것이다. 사랑을 원하는 것은 우리의 본성이지만, 사랑이 다가오기를 기다리는 고통은 정작 사랑이 찾아왔을 때 뒤따르는 고통에 비하면 아무것도 아니다. 하지만 사랑을 하면서 느끼는 고통도 사랑을 잃어버린 후의 고통에 비하면 보잘것이 없다. 어쩌면 고통은 사랑의 모든 것이다.

 아름다움을 느낄 수 없는 사람은 또한 사랑도 느낄 수 없다. 사랑을 느낄 수 없는 사람은 또한 사랑을 줄 수도 없다. 그러나 사랑을 줄 수가 없는 사람도 사랑을 받을 수는 있는 법이다. 그래서 사랑이 좋은 것이다.

덕과 지혜를 쌓으라고 한 말은 사랑을 받는 그릇의 크기를 늘리는 일에 노력을 게을리 하지 말라는 뜻이다. 지혜는 사랑을 사랑인 줄 알게 하고, 덕은 그것을 남에게 베풀도록 만든다. 이러한 과정을 통해 사랑을 받는 그릇은 자신도 모르는 사이에 점점 더 커지게 된다.

사랑을 담는 그릇이 커질수록 더욱 많은 것들로부터 아름다움을 느낄 수 있다. 따라서 아무리 하찮은 것이라고 하더라도 소중한 눈길로 바라보게 되는 것이다. 사랑을 할 때, 우리는 세상 사람들이 저지르는 여러 가지 잘못들도 넉넉한 마음으로 용서할 수 있게 된다. 사랑의 그릇은 너무나 크기에 이 세상도 얼마든지 담을 수 있기 때문이다. 아울러 우리가 우리에게 죄지은 자를 사하여준 것처럼, 우리의 죄도 사하여지게 되는 것이다.

신적인 사랑, 완전한 사랑, 영원불변한 사랑을 그대에게 드린다면 그대는 어느 정도 크기의 그릇을 내밀 수 있는가.

선한 일을 많이 행한 사람일수록 사랑을 받는 그릇이 크다. 따라서 더욱 큰 사랑을 받을 수가 있다. 그러나 작은 그릇을 가진 사람은 아무리 큰 사랑을 주더라도 받을 수가 없다. 그릇의 크기만큼만 받고 나머지는 그릇 밖으로 모두 흘려버리고 마는 것이다. 그리고 그릇 속에 담겨 있는 사랑만 사랑이라고 생각하게 된다.

사랑을 배경으로 해서 일어나는 각종 범죄는 만족스러운 사랑을 갈구하는 마음에서 비롯되어지는 다양한 종류의 감정들―증오, 시기, 질투 따위를 행동으로 옮길 때 일어나는 현상이다. 그것은 사랑을 받는 그릇이 작은 사람들이 그릇보다 큰 사랑을 달라고 생떼를 쓰기 때문에 발생한다.

그런 사람들은 언제나 작은 사랑밖에 베풀 수가 없다. 신적인 사랑, 완전한 사랑, 영원불변한 사랑은 그것을 받을 수 있는 크기의 그릇이 마련된 후에 비로소 얻을 수가 있고 느낄 수가 있는 것이다.

우리가 무엇을 따로 미워하고 사랑하랴. 우리는 바람이나 달빛이나 물소리도 될 수 있지만 매연이나 어둠이나 소음이 될 수도 있는 것을……. 산호초나 이슬이나 감자꽃도 될 수 있지만 곰팡이나 독거미나 십이지장충이 될 수도 있는 것을……. 그리고 한때 우리가 그것이었거나 앞으로 우리가 그것이 될지도 모르는 것을······.

신이 창조하신 모든 것들은 각기 제 나름대로의 아름다움을 가지고 있다. 이 말은 신이 창조하신 모든 것들은 각기 제 나름대로의 사랑을 가지고 있다는 말과 동일하다. 그리고 신이 창조하신 모든 것들은 각기 제 나름대로 사랑받기를 원한다는 말과도 동일하다.

따라서 아름다운 것은 사랑스럽고, 사랑스러운 것은 아름답다. 그리고 그 모든 것들은 자신이 가지고 있는 아름다움을 영원히 간직하고자 하는 욕망을 가지고 있으며, 그 욕망에 의해서 또 다른 아름다움을 창조하게 되는 것이다.

기다림과 떠남. 기다린다는 것은 떠난다는 것보다 한결 피가 마르는 일이다.

사랑받고 싶은 마음,
행복해지고 싶은 마음

인간은 누구나 자신이 행복해지기를 바라고 있다. 행복해지기를 바랄 뿐만 아니라 행복해진 다음에도 그것이 영원하기를 원한다. 그렇다면 인간이 가장 행복할 때는 언제일까?

소크라테스는 이렇게 말했다.

'사랑받고 싶어하는 마음은 행복해지고 싶어하는 마음과 같은 것이다.'

이 말은 인간은 사랑받을 때 비로소 가장 행복을 느끼게 된다는 것을 의미하고 있다. 사랑의 감정을 유발시키는 것은 바로 아름다움이다. 따라서 그대가 만약 사랑받고 싶어

한다면 우선 정신적으로든 육체적으로든 아름답지 않으면 안 된다. 이것은 인간에게만 적용되는 말이 아니라 모든 동물과 식물에게도 적용되는 말일 것이다.

하지만 이 세상에 있는 그 무엇이 그대를 아름답게 하는 것일까? 화장품일까? 보석일까? 권력일까? 재산일까?

아니다. 그런 것들은 결코 아니다. 그런 것들은 알고 보면 인간을 더욱 천박하게 만드는 것일 뿐, 사랑의 거울 앞에 서서 자신을 비추어볼 때 진실로 그대를 아름답게 만들어주지는 않는다.

그렇다면 그대를 아름답게 만들어주고 그대를 사랑받을 수 있도록 만들어주는 것은 무엇일까?

그것은 바로 남에게 사랑을 베풀고 싶어하는 그대 자신의 가슴이다. 하지만 가슴 안에 사랑이 간직되어져 있지 않는 자가 어찌 남에게 베풀고 싶어질 수가 있을 것인가. 가슴 안에 사랑이 간직되어져 있는 자라야만이 아름다울 수가 있는 것이며 사랑을 받을 수가 있는 것이다.

사랑. 그것은 절대적인 것이므로 전지전능하며 모든 빛과 어둠의 근원이 된다.

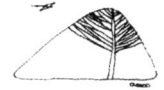

나는 당신을 간직합니다

잊을 수가 없다는 것은 잊을 수가 없는 시간까지의 병이다. 사랑할 줄 아는 사람만이 겪는 참다운 병이다. 그 병은 작별로부터 발생한다. 우리는 알고 있다. 작별이 얼마나 흔해 빠진 유행인지를.

마음이 아직도 아름다운 이여, 사랑합니다.
한 번 더 여기에 적어 두노니, 사랑은 다만 마음속에 간직하는 것이기에.
나는 당신을 간직합니다……

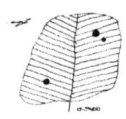

아주 작은 사랑이 쌓이고 쌓여
아주 큰 사랑이 된다

 기억하라. 사랑은 결코 그 어떤 것으로도 대용되어지지 않는다. 그것은 마음과 마음을 통해서만 전달되는 것이다. 따라서 주는 것도 아니고 받는 것도 아니다. 서로의 가슴 안에 소중한 마음으로 간직하는 것이다.
 이 세상에서 가장 소중한 것은 눈으로 보이거나 손으로 만져지지 않는다. 단지 가슴으로만 느낄 수 있을 뿐이다.

 아주 작은 사랑이 쌓이고 쌓여 보다 큰 사랑이 되고 보다 큰 사랑이 쌓이고 쌓여 아주 큰 사랑이 된다. 그리고 마침내 신적인 아름다움의 영역까지 도달하게 된다. 당연히 행복도 그에 정비례하기 마련이다.

완전한 사랑, 즉 완전한 아름다움을 관조하면서 살아가는 것이 인간의 궁극적인 목표라고 할 수 있다. 신은 누구나 그곳에 도달할 수 있는 권리와 자격을 부여했다. 그런데 문제는 마음이다. 그것은 바로 사랑을 받는 그릇인데, 저마다 그 크기가 다르다. 그 그릇의 크기는 선에 정비례하고 악에 반비례하기 마련이다.

언제나 젖어 있으라.
땅이 마르면 물이 고이지 않는 것과 마찬가지로 가슴이 마르면 사랑이 고이지 않는다는 사실을 알라.

징그럽다, 사랑스럽다

내가 사랑하는 것들은 어떤 것인가? 그것들은 바로 나와 함께 살았던 것들이며 내가 외로웠을 때 마음으로 자주 대화를 나누었던 것들이다. 그것들은 아주 작고 가까운 곳에 있는 것들이다.

한때 나는 가난하다는 이유 하나로 별 시답잖은 동포들한테까지도 동포 취급을 받지 못하고 살아왔었다. 그 시절 내 곁에 있었던 것들—비듬, 뗏국물, 이, 얼룩, 배고픔, 창녀의 빈 방 따위들과 함께 살아왔었다. 그러니까 대부분의 사람들이 멀리하는 것들과 나는 가까이 지낸 셈이다.

그 시절에 나는 알아냈었다. 사람들이 멀리하는 것들도

막상 가까이 곁에 두고 있으면 외로움이 극에 달한 상황에서는 사랑스러워진다는 사실을. 더럽다는 것은 더럽다고 생각하는 사람의 마음에 비하면 기실 별로 더럽지 않다는 것을. 그 어떤 것에도 애정을 느끼는 순간에는 더럽지 않다는 것을.

그리하여 나는 되도록이면 사람들이 더럽다 혹은 징그럽다고 생각하는 것들을 사랑스럽다고 바꾸는 작업에 착수했다.

내가 사랑했던 아름다운 것들—오마르 하이암의 술 썩는 냄새, 베토벤의 뇌매독, 구스타프 클림트의 나른한 애증, 세르반테스의 선병질, 바다 거품과 식충 식물과 곰팡이와 뼈 따위들······.

사랑보다 아름다운 말이 어디 있으랴

사랑을 위한 사랑은 의미가 없다. 진실한 사랑, 생명까지도 기꺼이 희생할 수 있는 그런 사랑만이 우리의 마음을 움직일 수 있다.

이 세상 모든 사람들과 함께 선물을 나누어 가지고 싶다. 당신의 가슴이 언제나 열려 있기를…….

서로 사랑을 배우는 사람들이여. 그대들은 작별하지 말라.

아니다. 사랑을 위해서라면 더러는 작별도 해볼 것. 그러나 너무 오랫동안 기다리게 하지는 말 것.

사랑보다 아름다운 말이 어디 있으랴. 사랑이란 결코 껍질의 모양이나 빛깔에서 억지로 추측되어지는 추상적 감정이 아니라, 알맹이 속에서 씨앗이 썩어 싹이 트듯이, 어떤 아픔과 함께 모르는 사이에 저절로 자라나는 구상적 감정이다. 사랑을 하려면 우선 점차 메말라가는 가슴을 적시기 위해서 연애편지를 쓰는 습관부터 익혀야 할 것이다.

살아 있는 사람들이여. 사랑이라는 낱말이 아직도 국어사전에 남아 있음을 찬양하라.

아직도 미처 사랑하지 않은 사람들이여. 절망하지 말라. 사랑은 모르는 사이에 느닷없이 다가오는 것이다.

에로스(Eros)는 포로스(Poros)와 페니아(Penia)의 아들이다. 에로스의 아버지 포로스는 충족, 부유, 풍만의 신으로, 모든 것들이 넉넉하고 풍요롭다. 에로스의 어머니 페니아는 빈곤, 결핍, 가난의 신으로, 모든 것들이 모자라고 부족하다.

에로스는 부귀한 아버지와 빈곤한 어머니 사이에서 태어났기 때문에 항상 부족과 결핍을 느끼는 동시에 언제나 풍족과 부유를 동경하고 갈구한다. 이것이 바로 에로스의 본질이다. 에로스는 자기의 빈곤과 부족과 결핍을 자각하고 부유와 충족과 풍만의 세계를 희구한다. 그렇기 때문에 사랑은 완전을 지향하는 부단한 욕구라고 할 수 있다.

사랑, 마음으로 이성 간에 기쁜 독약을 만드는 일.

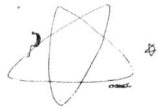

영혼과 육신과 정신의
조화로움에 대하여

 인간은 결국 함께 사랑하기 위해서 살고 있는 것이다. 물론 이 '함께'라는 단어 속에는 사랑받고 싶다는 뜻도 내포되어 있다.

 서로 사랑하기 위해서 인간이 살고 있는 것이라면 되도록 내 글들이 사랑하는 일에 도움이 되기를 나는 바란다. 당연히 이 사랑은 '자기'나 '그대' 따위에 국한된 것이 아니다. 지렁이나 쥐나 미친개를 사랑할 수 있는 심미안에의 도움을 말하는 것이다.

 나는 인간에게 영혼이 있다는 것을 믿는다. 벼룩이나 모래에도 영혼이 있다는 것을 믿는다. 당연히 하느님이 있다는 것도 믿는다. 앞으로 나는 되도록이면 영혼과 육신과 정신, 이 세 가지가 잘 조화된 상태가 되려고 노력하겠다. 그것은 내가 사랑하는 것들을 내 글 속에서 더욱 사랑스럽도록 만들기 위한 일이다.

이 시대는 불안하고 암울하다. 희망이 잘 안 보이는 웃기는 시대다. 이 시대는 바로 혼돈 그 자체다. 과연 무엇이 옳고 무엇이 그르며 무엇이 죄이고 무엇이 벌인가.

그러나 이제 우리도 어느 정도는 알고 있다. 우리가 너무도 우리의 본질 밖으로 벗어나 있다는 사실을. 마음이 열려 있던 시대는 가고 물질만 번뜩거리는 시대가 와서 이제 우리는 담장을 높이 쌓고 그 위에 유리 파편, 또 그 위에 철망까지 설치하고 산다.

이제 우리는 떠나야 할 때가 왔다. 가난하고 외로운 자들이여, 안심하자. 사람들 밖에서 살던 사람들이여, 안심하자. 우리는 비록 그렇게 살아왔지만 사랑만은 간직하고 살았으니, 영혼까지 멸망하지는 않으리라. 앞으로 나는 멸망하지 않는 영혼에 대하여 쓰고 싶다. 그것만이 실패만 거듭했던 내 글들의 구원일 것이라는 생각이 든다. 그것은 견딜 수 없는 고통이 지나간 후에 비로소 성취될 수 있는 것이라는 사실을 나는 안다.

사랑하는 일, 기다리는 일

인간은 왜 살아가는가.

인간은 행복해지기 위해서 살아가는 것이다. 마음 안에 촛불을 환하게 켜놓으면 누구든지 저절로 그 사실을 알게 된다. 어떤 대상이라고 하더라도 그 대상에게서 아름다움을 느끼고 그 대상을 진심으로 사랑하게 된다면, 저절로 마음 안에 촛불이 환하게 켜진다는 사실을.

행복으로 가득 차 있는 인생이란 곧 사랑으로 가득 차 있는 인생이다.

그대가 사랑하는 모든 것들이 영원하지 않으며, 그대가

근심하는 모든 것들이 영원하지 않다. 오직 영원한 것은 공(空) 그 자체일 뿐이다.

무릇 아름다움이라고 하는 것은 겉으로 노골적으로 드러나 있는 것보다 속에 깊이 간직되어 있는 것이 한결 가치가 높은 것이어서, 한눈에 반해버린 아름다움보다는 보면 볼수록 친근감이 더해가는 아름다움이 훨씬 더 그 생명력이 긴 법이 아니겠는가.

저승에서건 이승에서건 사랑하는 일보다는 기다리는 일이 몇 배나 더 어려운 법이다.

바다에 가게 되면 고백하리라. 파도 소리 때문에 말소리가 잘 들리지 않는 곳에서.

'사랑해요.'

그러나 막상 바다에 간다고 하더라도 어떻게 그런 말을 한단 말인가. 사랑, 하고 마음속에 넣어두면 아름답지만 사랑, 하고 입 밖에 꺼내놓으면 징그러운 단어.

나는 정녕 고백하지 못하리라.

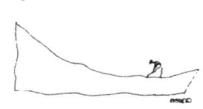

월광 소나타

 베토벤의 〈월광 소나타〉를 듣고 감동하지 않는 사람은 아무도 없을 것이다. 그것은 달밤의 이루 말할 수 없는 장관을 소리로 바꾼 가장 훌륭한 해석의 하나라고 할 수 있다.
 이 아름다운 음악은 작곡가가 그 자신과 그의 재능의 일부를 한 눈먼 소녀에게 바치려고 쓴 것이었다. 이 소녀는 달밤의 아름다움을 볼 수가 없었다. 그 소녀는 눈이 멀었기 때문에 나무와 관목과 풀잎 위의 은색 광채를 한 번도 보지 못했던 것이다. 그리고 밤하늘을 가로지르는 은하수도 볼 수가 없었다.
 그리하여 사려 깊고 헌신적인 베토벤은 그의 천부적인

재능을 발휘했다. 그는 단지 말이 아니라 소리로, 그 소녀의 눈으로는 볼 수 없는 아름다움을 전달하고 싶었다. 그 결과 세계는 더욱 풍요롭게 되었다. 그는 헌신적인 친절한 행동에 자신의 재능을 다 바쳤던 것이다.

함께, 나란히 촛불처럼
켜져 있고 싶다

 여자란 누구든지 독약과도 같아서 가슴 안에 잠시만 간직해 두어도 반드시 그 가슴 밑바닥에 치명적인 상처를 내는 법이다.

 나를 위해서 기도하지 않고 남을 위해서 기도하는 마음이 하늘까지 닿아 그러한 마음끼리 만나서 떠돌다가 우리 스스로 자욱한 눈이 되어 내리자. 내려서 가득 찬 사랑으로 쌓이자.

 날마다 헤어진 것들은 또 왜 그리 간절한 그리움으로 가슴을 물들이는지.

둘 다 끊임없이 바람에 흔들리고 있기 때문에 서로가 함께 바람을 막아주면서 나란히 촛불처럼 켜져 있고 싶다.

사랑, 닫힌 문을 여는 열쇠

책을 읽어라.

책 속에는 책을 쓴 이들의 가슴이 있다. 그림을 보고 음악을 듣고 연극을 보라. 예술 속에도 예술하는 사람들의 가슴이 있다.

그러나 무엇보다도 모든 것을 사랑하라. 사랑이야말로 모든 것의 닫힌 문을 여는 열쇠이며, 모든 것을 아름답게 만드는 신의 명약이다.

인간을 사랑하라. 그러나 낭만도 사랑하라. 애당초 사랑이라는 것은 낭만을 바탕으로 해서 이루어지는 것. 돈으로 사랑을 살 수 있다고 생각하는 것은 돈이 없는 사람은 결코 사랑할 수조차 없다고 생각하는 것과 마찬가지다. 하지만 그것은 얼마나 개 같은 생각이냐.

 더 사랑하고 더 증오하면서 살아야 한다.

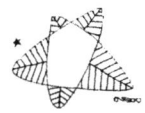

사랑이라는 것은 어떤 것인가

당신이 비록 돈 없고 빽 없고 못생긴 사람이라고 하더라도 아직 사랑을 할 수는 있을 것이다. 사랑의 힘으로 풀리지 않는 자물쇠란 이 세상에는 단 한 가지도 없다. 당신은 그 누구보다도 더 은혜롭다.

언제인가는 다시 돌아가리라. 다시 돌아가서 사랑하리라. 내가 증오했던 모든 낮과 밤, 내가 침을 뱉었던 모든 마음과 살들을……

어느 비 오는 날, 기타 소리를 듣다가 불현듯이 그 여자를 사랑하고 싶어서 몸살이 날 것 같은 심정으로 우산도 없이 그 여자의 집 대문 앞을 서성거린 적이 있었다. 그러나 장마비가 모두 끝나자 내 마음은 기타 소리를 들어도 아무런 감정을 느낄 수가 없었다. 무엇인가를 놓쳐버린 것 같아서 몹시 서운하고 안타까운 심정이었다.

사랑이라는 것은 어떤 것인가. 나는 아직도 잘 모르겠다.

사랑의 예감

비는 예감을 동반한다.

어쩌면 오늘 그대를 거리에서 우연히 만날지도 모른다는 예감. 비록 만나지는 못하더라도 엽서 한 장쯤은 받을지 모른다는 예감.

그리운 사람은 그리워하기 때문에 더욱 그리워진다는 사실을, 비는 가슴이 사무치게 알도록 만든다. 이것은 차라리 낭만이 아니라 아픔이다.

비 오는 날의 공원이란 너무도 쓸쓸해서 사랑하는 장소로는 어울리지 않고 헤어지는 장소로는 적합한 것처럼 보였다.

좋은 것일수록 마음 안에 기대감을 오래도록 간직해 두었다가 인연에 따라 순조롭게 만나보는 쪽이 한결 아름답다.

사랑을 배우는 사람들이여. 그대들은 흥정된 한 마리의 개가 아니다. 아니 흥정된 한 마리의 개여도 좋다. 그대들의 목을 매고 있는 사슬을 끊어버릴 수만 있다면, 그리하여 혹한의 겨울밤 칼날 같은 바람을 헤치고 다시금 그리운 이에게 돌아갈 수만 있다면.

그렇다. 흥정된 한 마리의 개인들 어떤가.

우리가 무엇을 미워하고 무엇을 사랑하리. 보이는 모든 것이 눈물겹고 들리는 모든 것이 눈물겨워라.

2장

세상은 썩어가도
숲은 푸르고

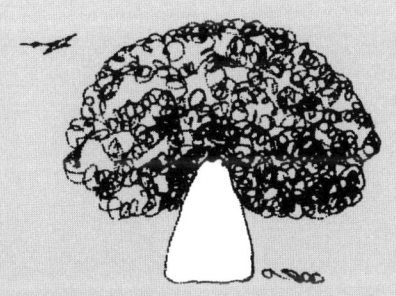

스스로 벌거벗은 나목의 지혜

나는 걸레를 통해 성자의 모습 그 자체를 본다. 걸레도 한때는 아름다운 꽃무늬로 수놓아진 천이었나니, 어느 것은 스무 살 물오르는 처녀들의 원피스로써, 또한 어느 것은 겨울날 무릎 시린 어머니들의 내복으로써 제 할 일을 다하고 버림받지 않았는가.

그러나 걸레는 낡고 퇴색한 세월의 뒤안길에서도 오직 남을 깨끗하게 만들기 위해 갈기갈기 자신의 몸을 찢고 있다. 걸레의 마음속에 피어 있는 한 송이 아름다운 연꽃을 보자.

연못물이 흐리다고 연꽃까지 흐리던가.

하늘이 햇빛과 비를 내려서 사과나무를 꽃피우는 것은 결코 사과가 먹고 싶어서가 아니다. 만물을 가꾸고 키우는 태양은 그 대가로 아무것도 요구하지 않는다. 다만 자신의 품에 끌어안고 언제나 사랑을 베풀고 있을 뿐이다. 그러므로 사과나무는 기꺼이 태양의 빛을 따르는 것이다.

시련의 겨울이 지나고 나면 다시금 새로운 꽃을 피우듯이 사람도 모든 고통을 극복한 후에는 언제나 새로운 꽃을 피우게 되는 법인데, 그 꽃은 물론 마음 안에서 피는 것이므로 먼 곳까지 향기가 퍼져 나간다. 그리고 그 꽃은 반드시 인생이라는 거름을 그 자양분으로 한다.

우리는 추운 겨울을 견디기 위해 스스로 벌거벗은 나목의 지혜를 배워야 한다. 지혜는 스스로 버리면서 얻는 것이다.

마음을 비우려면 마음을 비워야 한다. 다른 특별한 방법은 있을 수가 없다.

눈물겹게 사랑하는 마음

별이며 새며 꽃과 나비에도 모두 사람의 마음이 실려 있고, 집과 길과 전신주와 쓰레기통 속에도 누군가의 마음이 실려 있다.

길섶에서 자라는 보잘것없는 풀꽃 하나라도 부디 눈물겹게 사랑하는 마음을 갖도록 하자.
그렇게 하기 위해 우리는 먼저 우리가 길섶에서 자라는 보잘것없는 풀꽃이 되어야 한다. 외롭고 슬픈 사람을 만나면, 그 사람이 바로 나 자신이라고 생각하자.

온실에서 자란 꽃은 섬약하다. 비록 그것이 순간적으로 사람의 마음을 즐겁게 해줄 수 있을지는 모르지만 세상에 내놓았을 때 얼마나 오랫동안 갈 것인지는 확실히 보장할 수가 없다.

사랑, 낭만이라는 강변에 피어난 꽃이여!
인간을 사랑하라. 그리고 낭만도 사랑하라. 낭만이 없는 사람은 사랑도 할 수 없다. 메마른 모래사막에서는 한 포기의 풀잎도 자랄 수 없듯이…….

이슬방울 속에 들어 있는 산

흐린 날 피는 꽃들이 모두가 깨끗하고 맑아 보이는 것은 그 꽃들이 마음으로 흐린 날을 사랑하는 탓이 아닐까.

거대한 산의 경관이 몇천만 분의 일 정도로 축소되어서 작은 이슬방울 하나 속에 모두 들어가 있다. 이슬방울은 투명하기 그지없어서 그 속에 들어 있는 산의 경관은 마치 산이 아기 천사들의 드레스를 장식하기 위해 특수한 방법으로 만들어놓은 유리 세공품 같았다. 이 세상의 그 어떤 보석이라고 하더라도 이슬방울이 갖는 아름다움을 능가하지는 못할 것이다.

나무들은 혹독한 추위가 없으면 강인한 뿌리를 가질 수가 없고, 찌는 듯한 더위가 없으면 열매를 여물게 할 수가 없다.

기쁨을 느낄 수 있는 경지

 자신을 불행한 존재라고 생각하는 사람은 아직까지도 더욱 불행한 신세가 될 여지가 남아 있다. 아주 작은 일에도 큰 기쁨을 느끼는 사람에게는 그 어떤 불행도 위력을 상실하고 만다.

 그러나 아주 작은 일에도 기쁨을 느낄 수 있는 경지에 이르기까지는 어차피 여러 가지 형태의 불행을 감내하지 않을 수가 없다. 불행이란 알고 보면 행복이라는 이름의 나무 밑에 드리워진 행복만한 크기의 나무 그늘 같은 것이다.

 누에가 고치 속에 갇혀서 외로움과 고통을 견디는 일과,

나무가 겨울 속에 갇혀서 외로움과 고통을 견디는 일이 별로 다르지 않으리라.

청개구리 엄마

우리는 거의 같은 시기에 태어난 우리 나이 또래 중에서 가장 불행한 환경 속에 살고 있다는 사실을 동류항으로 삼고, 너무도 어둡고 습기 찬 땅에서 재배되고 있는 여러해살이식물에 불과했다. 아버지의 세대가 만들어주었던 토양에 뿌리를 박고 그들이 부여하는 물을 빨아올리면서, 그 나태와 무관심의 관찰 기록부에 검사 또는 효자의 기대로 커 나가고 있었다.

결국 우리는 그들의 버림받은 한 생애를 위하여 그들이 원하는 꽃을, 그들이 원하는 열매를 만들어내어야만 했다. 그러나 이미 우리는 불량 품종으로 점차 시들어가고 있었다.

무엇이든지 반대로만 하는 우화 속의 청개구리에게 왜 엄마는 불효자가 되어주기를 권유하지 않았을까. 그것은 아마도 지혜롭지 못했기 때문이었을 것이다.

 때로는 지혜롭지 못한 부모가 자식의 장래를 망쳐버리고 만다. 애정만으로는 올바른 교육이 이루어지지 않는다. 전인적 인간이란 예절과 지혜가 겸비되어진 토양에서 자라난 사철나무와 같은 것이다.

바람이 불어온다

바람이 심하게 불고 있었다.
 잘 사세요. 행복하게 사세요. 잎이 다 떨어진 나목들이 나지막하게 속삭이는 소리들.

 나무는 풍상에 시달리면 그 줄기가 뒤틀리고, 인고에 시달리면 그 뿌리가 쓴 법이다. 그러나 줄기가 뒤틀렸다고 해서 그 꽃이 아름답지 않은 나무가 어디 있으며, 뿌리가 쓰다고 해서 그 열매가 향기롭지 않은 나무가 어디 있으랴.

 내가 죽어서 식물이 되면 얼마나 좋을까? 구름털제비꽃

이나 갯질경이나 엉겅퀴나 비비추 따위의 풀이 되든지 전나무, 좀솔송나무, 가문비나무 따위 같은 아고산지대의 침엽수가 되든지 정향풀, 개연꽃, 소리장이, 해장죽 따위 같은 강변초가 되든지 파래, 큰잎모자반, 산호말, 진두발 따위 같은 해초가 되든지, 그렇지 않으면 뱀버섯, 개구리밥, 누룩곰팡이 따위라도 되었으면 좋겠다는 생각을 했었다.

그런 것이 될 수가 없다면, 그래서 굳이 동물로 다시 태어나야 한다면 절대로 사람으로는 태어나고 싶지 않다는 생각을 했었다. 차라리 어두운 이불 속을 길고 지루하게 기어다니는 한 마리 외로운 이 또는 햇빛 좋은 날 금물 무의 일렁거리는 맑은 연못 속을 헤엄치는 한 마리 거머리, 그런 것으로 태어나는 것은 얼마나 좋은 일인가.

가벼운 바람에도 허공을 떠돌아야 하는 민들레 홀씨도 땅에 닿으면 뿌리를 내리고 꽃이 되는데, 나는 왜 어디에서도 뿌리를 내리지 못하고 한정 없이 떠돌기만 하는 것일까.

배가 지나가면 물결이 일고, 바람이 지나가면 나뭇잎이 흔들리기 마련이다.

풀과 나무들이 바라보는 곳

풀과 나무들을 자세히 관찰하면, 그것들이 모두 어딘가를 바라보고 있다는 사실을 알게 된다. 그것들은 자신들이 태어난 우주의 중심부를 바라보고 있는 것이다. 그것들은 거기에서 태어났으며 거기로 돌아갈 것이다.

우주의 본질적 구성 요소는 바로 아름다움 그 자체라고 할 수 있다. 풀과 나무들은 아름답고자 하는 소망에 의하여 꽃을 피우고 열매를 만들고 씨앗을 싹 틔운다. 본래의 모습으로 돌아가기 위한 그 소망은 비단 풀과 나무들뿐만 아니라 모든 만물들이 공통적으로 가지고 있는 존재의 이유인 것이다.

사람들은 누구나 행복하기 위해 살아가고 있다. 행복이란 바로 마음이 아름다워진 상태가 아니면 느낄 수가 없는 감정이다. 따라서 아름다움을 모를 때 사람은 불행할 수밖에 없다.

요즘 실시되고 있는 시험들은 거의가 형식에만 치우쳐 있는 듯한 느낌이 든다. 출제자가 연꽃을 들어 보이면 응시자는 무조건 빙그레 웃음을 떠올리기만 하면 된다. 그것이 정답으로 간주되어지기 때문이다.

하지만 그것은 정답이 아니다. 연꽃을 들어 보인다고 해서 누구나 다 석가모니는 아니다. 빙그레 웃음을 떠올린다고 다 가섭이 될 수는 없다. 그런데 너무나 자주 그런 오류들이 천연덕스럽게 저질러지고 있다.

세월이 가고 있었다. 산중에는 달력도 없었고 시계도 없었다. 해와 달이 시계였고 풀과 나무들이 달력이었다.

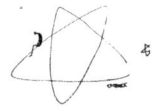

돌, 풀, 별, 꿈의 향기를
그윽하게 할 때까지

외엽일란(外葉一蘭)

이파리도 하나 대궁도 하나 꽃도 하나인 난. 붓끝에 먹을 한 번 찍어 숨도 쉬지 않고 일필(一筆)로 순식간에 피워내는 난. 낙관을 찍고 나면 언제나 화선지에서 은은한 난초 향기가 풍기는 난.

때로는 화선지 속에서 쏴아 하는 솔바람 소리도 들린다.

한 세상 사는 것도 물에 비친 뜬구름 같다. 가슴이 있는 자, 부디 그 가슴에 빗장을 채우지 말라. 살아 있을 때에는 모름지기 연약한 풀꽃 하나라도 견디지 못할 정도로 사랑하고 볼 일이다.

 우리의 모든 것들이 깊이 묻히고 언제든지 우리가 흙이 되는 그때에 우리의 영혼이 이 땅에 남아 모든 돌이며, 풀이며, 별과 꿈의 향기를 그윽하게 할 때까지 인생의 연습을 하자.

 세상이 어두운들 끝까지 어두우랴. 세상이 눈물겨운들 끝까지 눈물겨우랴.
 목백합은 목백합을 낳고, 그 목백합이 다시 다른 목백합을 낳아서 이 세상이 모두 향기로 가득 차고, 그 꽃잎 하나 떨어진 자리에도 시가 자라고, 음악이 자랄 수만 있다면, 지금은 세상이 어두워도 아무런 상관이 없다. 지금 세상이 눈물겨워도 아무런 상관이 없다.

3장

인생은 겨울 홀로 걷는 꿈

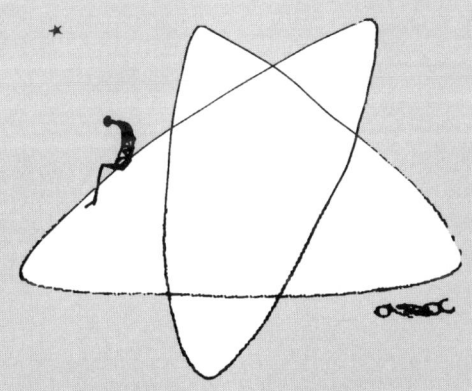

고통을 기꺼이 영접하라

이제 우리는 자멸을 배우지 않으면 안 된다. 그리고 자멸 끝에 비로소 다시 탄생하는 방법을 배우지 않으면 안 된다.

이제 우리 주위에 끝까지 남아서 우리의 정신을 키워줄 뿌리는 무엇인가. 우리가 숨 쉬고 있는 한 모금의 공기조차 썩어가는 황무지에서 우리가 가꾸어야 할 마지막 순수는 무엇인가.

그것을 알고 있는 사람은 항상 고통스럽다. 그러나 고통스럽지 않은 자에게 극복이라는 말을 갖도록 할 수는 없다. 우리가 가장 사랑해야 할 마지막 순수는 바로 불행이다. 불행하지 않은 자가 극복이라는 말을 사용할 때 그것은 필경 사치에 불과할 것이므로.

밤 한 시의 식은 형광등 불빛 밑에서 나는 썩어가지 않기 위해 마지막 안간힘을 다할 것이다.

고통을 기꺼이 영접하라. 신이 어떤 사람에게 값진 것을 주려고 작정했을 때에는 반드시 살과 뼈가 깎이는 아픔부터 먼저 주는 법이리니.

간절하게 원하는 것을 이루지 못하거나 사랑을 잃어버리게 되는 것도 우리의 인생에서 반드시 필요한 경험이다. 그리운 사람과 헤어지는 경험도 어쩌면 몹시 필요한 것이다. 슬프고 괴로운 일이지만 고통과 절망이 우리에게 지혜를 가르치기도 한다는 사실을 깨달아야 하는 것이다. 고통의 순간이 없다면, 우리의 인생은 풍요로운 결실을 거둘 수도 없다.

절망을 사랑하라. 절망을 사랑하는 자에게 절망은 오랫동안 머물러 있지 않는다. 우리는 진실한 영혼을 나눌 수 있는 사랑을 찾아야 한다. 그 사랑은 바로 우리가 역경에 처했을 때, 한 몸이 되어줄 수 있는 또 하나의 분신이다.

사랑하기를 원한다면, 우리는 모든 속박으로부터 벗어

나야 한다. 진정한 자유인이 되는 순간에 사랑의 길이 환하게 열리는 것이다. 사람의 영토에 발을 내밀면, 무수한 별들이 쏟아진다. 우리도 그렇게 반짝이는 별빛으로 누군가의 가슴에 남아 있어야 한다.

어떻게 살아야 하는가는 중요하다. 왜 살아야 하는가도 중요하다. 그리고 그런 것들의 중요성은 고통 속에서 비로소 선명하게 발견된다.

고통은 곧 육체에 대한 정신의 승리이다

모름지기 이 세상에 태어나는 것들은 태어나는 것들대로 저마다의 의미가 있고 죽어가는 것들은 죽어가는 것들대로의 의미가 있는 법이다.

생명이 있는 모든 것들이 어떻게 태어나서 어떻게 살다가 어떻게 죽어가는지 생각하면 여러 가지 이유에서 자꾸만 눈시울이 젖는다.

벌레들은 불에 타 죽는 줄도 모르고 불 속으로 날아든다. 물고기는 위험한 줄도 모르고 낚시의 미늘에 달려 있는 먹이를 삼킨다. 그러나 우리는 불행의 그물이 있다는 사실을 잘 알고 있으면서도 관능적인 향락의 성에서 한 치도 떠나지 못한다. 인간의 어리석음에는 한이 없는 것이다.

봉황도 알에서 깨어나지 않으면 하늘을 날 수 없고, 옹달샘도 산을 떠나지 않으면 대하에 이르지 못한다.
하늘이 큰 인물을 만들고 싶을 때에는 대개 어릴 때부터 큰 아픔을 먼저 알도록 만든다. 때로는 하늘의 공사로 인해 사랑하는 자식을 버려야만 하는 아픔을 겪는 경우도 있다.
고통은 하늘이 그대를 더욱 선량한 재목으로 키우기 위해 선택한 스승이다.

4세기에 수많은 고행주의자들이 유혹을 물리치고자 은자와도 같은 고통스러운 생활을 하였다. '육신적인 욕망'을 다스리기 위해서 그들이 했던 고행 중에는, 믿기 어려울 정도로 극단적인 것도 있었다.
성 아셉시마스는 온몸을 수많은 사슬로 묶어서 손과 발로 엉금엉금 기어다녔다. 수도승인 베사리온은 그의 육체가 편안하게 잠을 자는 것마저도 용납하지 못했다. 40년 동안 그는 누워서 잠을 자지 않았던 것이다. 마카리우스 2세는 6개월 동안 늪 속에 발가벗고 앉아 있었다. 결국 6개월 후에 그의 몸은 모기에게 너무 많이 물려서 마치 나병 환자와 같은 모습이 되었다. 성 마론은 속이 빈 나무줄기 속에서 11년 동안 생활했다. 다른 고행자들도 동굴이나 야수의 굴, 물이 말라버린 우물, 심지어 무덤 속에서 살기도 했다.

그들은 불결함, 악취, 벌레들 그리고 구더기로 인해 고통받는 것조차도 정신적으로 유익하다고 믿었던 것이다. 이러한 고통은 곧 육체에 대한 정신의 승리를 상징하고 있었다.

베토벤이 오케스트라의 프리티시모(아주 강하게)도 들을 수 없을 정도로 귀가 멀었을 때, 그는 최고의 오라토리오를 작곡했다. 존 밀턴은 앞을 완전히 볼 수 없게 되었을 때 『실낙원』이라는 위대한 걸작을 쓸 수가 있었다. 월터 스콧은 말에 채여 집에서 며칠 동안 드러누워 있을 때 『마지막 시인의 노래』를 지었다. 자기 자신의 고뇌에 찬 마음에서 흘러나오는 피와 색깔을 혼합해서 그림을 그리는 화가는 가장 훌륭한 그림을 그릴 수 있다. 어느 시대에서나 가장 위대한 사람들은 가장 큰 고통을 겪은 사람들이었다.

주여! 당신의 참뜻을
알게 하소서……

주여! 가을이 끝나고 있습니다. 이제 저희에게 보다 크나큰 외로움과 고통을 준비하여 주소서. 그러나 그 외로움과 고통이 모두 지나면 더욱 아름다운 잎으로 피게 하시고 더욱 깊은 뿌리로 서게 하소서. 그리하여 사람들 중에 외롭고 고통스러운 이가 있어 어느 날 저희에게 지친 몸을 기댈 때 당신의 참뜻을 알게 하소서…….

낮은 자들의 인생에는 고통과 슬픔이 항시 뒤따르는 법이다. 하지만 그렇기 때문에 인생은 더욱 아름다울 수 있는 것이다. 견(見)하면서 살지 말고 관(觀)하면서 살도록 하자.

사람도 일생에 한 번 정도는 누에처럼 고치 속으로 들어가서 고통스럽고 외로운 나날들을 보낸 적이 있어야만 보다 나은 삶을 영위할 수 있다.

사방을 둘러보아도 첩첩산중. 온 길은 천 리인데 갈 길은 만 리라. 그러나 군자는 이런 때 마음을 맑게 하고 덕으로써 세상 만물을 바라보아 자신을 더욱 아름답게 가꾸는 법이다. 그렇기 때문에 인생은 더욱 아름답게 가꾸어지는 것이다.

세상만사가 새옹지마 격이라 오르막이 있으면 내리막도 있는 법. 슬픔과 고통으로부터 도망칠 이유가 무엇인가. 그것들도 어차피 그대가 껴안아야 할 그대 자신의 몫이라면 은혜처럼 생각하고 받아야 할 일이다. 비록 지금은 때가 아니어서 새벽달을 등지고 돌아앉아 빈 낚싯대를 드리우고 있지만 머지않아 아침해가 온 누리를 비출 것이다.

원래 산속에서는 산이 보이지 않는 법이다. 하지만 산 밖에서도 산을 전혀 보지 못하는 사람도 있다.

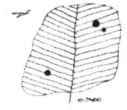

사랑의 길에 놓인 덫과 함정

개구리와 뱀이 정면으로 마주쳤을 때, 뱀은 결코 서둘러 개구리를 공격하는 법이 없다. 모든 동물들은 천적의 공격권 안에 들어서기만 하면 자신도 모르는 사이에 정신이 혼미하게 되고 근육이 마비되어 버린다. 제대로 움직이지도 못하는 먹이를 앞에 놓고 서둘러 공격할 필요가 있겠는가.

뱀은 다만 그 특유의 소름끼치는 눈초리로 개구리를 날카롭게 주시하고만 있으면 된다. 얼마 동안 긴장된 시간이 흐르면 개구리는 스스로 뱀에게 몸을 던지면서 자신의 목숨을 포기하고 만다. 개구리가 그렇게 행동하는 이유는 극단적인 공포감과 초조감을 더 이상 견딜 수가 없기 때문이다.

정신과 영혼은 신으로부터 부여받은 것이다. 따라서 우리의 정신과 영혼은 선할 수밖에 없다. 다만 그것을 망각한 사람들에 의해서 생겨난 여러 가지 환경과 조건에 의하여 우리는 변모되어졌을 뿐이다.

이 세상에는 수없이 위험한 덫과 함정이 가로놓여 있다. 그리고 아직 우리는 그것을 스스로 파괴하거나 피해갈 만한 능력을 가지고 있지 못하다는 것을 인정하지 않을 수 없다.

얼마나 많은 덫과 함정의 길을 걸어 나가야 비로소 만나야 할 사람을 함께 만나고 참다운 삶의 밭을 일굴 수가 있을 것인가.

좌절은 금물이다. 인생이란 시련을 극복한 사람에게만이 진정한 의미가 있는 것이다.

소 잃고 외양간을 고치는 사람을 비웃지 말라. 그는 지금 반성하고 있는 것이다.

모순

 모순이라는 것은 절대로 이 세상에 존재하지 않는다. 어떻게 모든 방패를 다 뚫어버릴 수 있는 창과 모든 창을 다 막아낼 수 있는 방패가 동시에 공존할 수가 있단 말인가. 현실적으로 그것은 도저히 불가능하다.
 그런데 사람들은 흔히 모순이라는 것을 실지 일어날 수 있는 현상으로 착각하고 있다. 그리고 모순이야말로 어쩔 수 없는 것이라고 수긍하고 있는 듯한 태도를 보인다. 그러나 그들이 말하는 모순은 엄밀한 의미에서 인간이 조작해 놓은 부조리나 불합리에 지나지 않는다. 얼마든지 개선해 나갈 수가 있는 것이다.

인간이 고안한 것 치고 모순되지 않는 것은 어디 있는가.

힘들고 눈물겨운 세상, 나는 오늘도 방황 하나로 저물녘에 가 닿는다.

해가 지면서 문득 사람이라는 것이 습관처럼 그리워져 왔다. 그립다는 것도 일종의 본능이라는 생각이 들었다. 그것도 배고픔처럼 슬프다는 생각이 들었다. 빈센트 반 고흐가 남겨놓은 저녁 밀밭 길에 앉아 절망적인 하늘을 바라보다가 카프카가 남겨놓은 성 주변을 끊임없이 배회했다.

고독이란 누군가 곁에 있다고 하더라도 결코 사라지지 않는 것. 고독이란 군중 속에 있을 때 더더욱 사무치는 것.

고독에서 벗어날 수 있는 유일한 방법은 스스로 더욱 큰 고독 속으로 뛰어드는 것 밖에 없다.

내가 가는 길을 신이 가로막은 적은 아직 한 번도 없다. 다만 나 스스로 가로막았을 뿐이다.

세뇌를 거부하고 영혼으로 느껴라

무심코 하늘을 쳐다보았다. 별이 하나도 보이지 않았다. 벌써 밤이 깊어 있었다. 별똥별이 흐른다. 밤하늘에 선홍색 기다란 상처를 남기고……. 무슨 거대한 새의 눈물 같았다. 잠이 오지 않았다. 새벽녘에 소리 죽여 흐느끼는 빗소리를 들었다. 가슴 밑바닥에 시린 슬픔 한 사발이 고여 들고 있었다.

나는 지금 절감하고 있다. 그 무엇으로부터 버림받았다는 사실에 대해서. 그러나 버림받은 것이 나 혼자만은 아닌 줄도 잘 알고 있다. 우리의 미래가 버림받고, 버림받고,

버림받고, 버림받았다는 것을.

그러나 아직은 내가 젊기 때문에 내 심장과 정신과 쓸개 위에 박테리아가 부식하기 전까지는 미워하고, 증오하고, 도전하고, 거부하며, 나를 버린 것들 앞에서 떳떳할 수 있는 것이다.

빛과 웃음만의 인생이란 그 누구에게도 존재할 수가 없다. 어둠과 눈물도 항상 곁에 붙어 다닌다. 진실로 인간을 퇴보시키는 것은 퇴폐주의가 아니라 이기주의다.

우리는 세뇌를 당하고 있다. 문명이라는 것에 세뇌를 당해서 문화라는 것은 잘 모르고 있는 것이다. 안다고 하더라도 그것은 거짓말이다. 참고서를 보고 달달 외운 것에 불과하다. 문명은 외워서 해결할 수 있지만, 문화는 외워서 해결할 수 없다. 문화는 영혼으로 느껴야만 하는 것이다.

이 세상은 철학적 교육에는 귀를 기울일 필요가 전혀 없다고 생각하는 사람들로 가득 차 있다. 오직 현실적 쾌락을 추구하는 일에만 급급해 있는 청맹과니들뿐이다. 영원히 지하의 박명 속에서 헤어나기는 틀러믹은 일이다. 자신이 그 사실을 모르고 있다는 사실조차 모르고 있으니……. 그저 안타까울 따름이다.

석가모니가 다녀가셔도 아무런 소용이 없고 예수님이 다녀가셔도 아무런 소용이 없다. 아직도 인간들은 끊임없이 싸움질을 계속하고 있는 것이다. 나라와 나라끼리도 싸우고 있었고 개인과 개인끼리도 싸우고 있었으며 종교와 종교끼리도 싸우고 있었고 신도와 신도끼리도 싸우고 있었다. 유사 이래로 인간 세상에 그토록 많은 성자 성현들이 다녀갔는데도 불구하고 인류는 아직까지 구원받지 못한 모양이었다.

지나간 날들이야 되짚어보면 한결같이 한순간의 꿈에 불과하지만, 때로는 꿈속의 상처가 꿈 밖에서도 너무 깊어서 사람을 미치게 만들기도 한다.

싸늘한 슬픔

슬픔. 싸늘한 슬픔. 언제나 가슴 밑바닥에 얼음물이 고여드는 듯한 느낌을 불러일으키는 싸늘한 슬픔. 근원을 알 수 없는 슬픔.

단지 얼음물같이 시린 슬픔 한 모금만 가슴 밑바닥에 젖어들고 있을 뿐이다.

나는 가슴 밑바닥에 얼음물처럼 시리게 고여드는 슬픔의 근원을 찾아 헤매고 있었다.

우리의 이상이 아무리 절대적인 것이라고 하더라도, 우리의 투쟁이 아무리 순수하고 정의롭다고 하더라도, 우리의 밖에서 현실은 현실 스스로를 조금도 파괴당하지 않고 오히려 냉혹하게 우리를 파괴하면서 차츰차츰 제나름대로 형성되어 가고 있음을 먼저 알아야 한다. 분노와 용기만으로는 그 무엇도 이룩할 수 없다. 이제 우리는 분노와 용기 그 이상의 것을 가져야 하지 않겠는가.

떠나야지……. 이제는 떠나야지.
버려야지……. 이제는 버려야지.
이런 결심만 하고 살았던 나날이었다.
그러나 떠나보내지 않아도 떠날 것은 저절로 떠났다.
내가 버리지 않아도 나에게 있던 것들은 저절로 분실되었다.
외로움, 그 아픈 형벌의 시간이여!
밖에는 비가 내리고 술집 안은 텅 비어 있는데, 우리의 의식 깊숙한 곳에는 외로움의 터널이 길게 뚫리고, 우리는 다 함께 술잔들을 주고받으면서 그 터널 속을 나란히 걸어가기 시작했다.

사람이 그립다

 거짓말처럼 나는 혼자였다. 아무도 만날 사람이 없었다. 보고 싶은 사람도 없었다. 그냥 막연하게 사람만 그리웠다. 사람들 속에서 걷고 이야기하고 작별하면서 살고 싶었다.
 그러나 사람들은 결코 나와 뒤섞여지지 않았다. 그것을 잘 알면서도 나는 왜 자꾸만 사람이 그립다는 생각을 하게 되는 것일까.

 당신은 들리는가? 비는 당신이 고등학교 시절 한 번도 말을 붙이지 못하고 애태우던 여자애의 음성, 그렇지 않으면 당신이 밤을 지새우면서 쓰던 편지의 활자들이 이제야 다시 그대 주변으로 돌아와서 떨어지는 소리들이다.

소리는 곧 아픔이다. 양철 지붕 가득히 흩어지는 불면의 낱말. 그리고 사랑하는 이들의 이름이다. 당신은 비 오는 날의 저문 거리에서 한 사람의 낙오된 유목민처럼 아주 외로운 사람이 되어서 오래도록 우산도 없이 홀로 걸어본 적이 있는가?

그 즈음에는 밤마다 자주 심한 바람이 불었다. 방 안에 가만히 드러누워서 귀를 열면 바람은 모든 것들을 펄럭거리게 만드는 것 같았다. 벽도 펄럭거리고 천장도 펄럭거리고 방바닥도 펄럭거리는 것 같았다. 이따금 몸이 떨릴 정도로 누군가가 그리워지곤 했다. 꼭 누구라고 집어 말할 수는 없고 그저 막연하게 누군가가 곁에 있었으면 좋겠다는 생각이 들곤 했다.

나는 사실 외로웠다. 내 육신 곁에 사람들이 많았으나, 내 영혼 곁에 있는 사람들은 없었으므로.

그런 것일까? 인간은 결국 완전한 혼자가 되기 위해 살아가고 있는 것일까? 어쩌면 그럴지도 모르겠다. 아무리 혼자가 되지 않으려고 발버둥을 치더라도 결국은 혼자가 될 뿐 그 어떤 것으로도 사람과 사람은 완벽하게 혼합되어질 수가 없다. 마치 물방울이 서로 합쳐져서 하나의 물방울이 되듯이 그렇게 아무런 구분도 없이 합쳐져서 하나가 될 수는 없다. 쌍둥이조차도 타인은 타인인 것이다. 비록 얼굴은 같을 수가 있을지 몰라도 마음은 같을 수가 없는 것이다.

목사님도 도둑놈도, 스님도 깡패도, 교수도 학생도, 장관도 실직자도, 운동선수도 간질병 환자도, 할머니도 갓난애도, 살아 있는 한 그 완전한 혼자라는 것을 향해 조금씩 발을 내밀고 있을 뿐이다. 어쩌면 살아 있는 동안 자신이 완전한 혼자라는 것을 느끼게 되고, 그것으로 모든 것을 다 이루었다고 생각하는 사람이 있을지도 모르지만, 그러나 거의 전부가 사실은 혼자가 아니기 위해 애를 쓰는 것 하나로 부질없이 한평생을 다 보내버리고 마는 것 같기도 하다.

오, 프로메테우스여! 내 심장에 불씨를 던져다오.
아주 미세한 불씨라도 좋다. 나는 그것을 꺼뜨리지 않겠다. 나는 타고 싶다. 나는 꺼져 있다.

내가 아무런 의미도 없다는 건
억울하다

 최근에 이르러 나의 모가지는 항상 시간이라는 노끈에 묶여 있다. 한 줄도 건져놓은 문장이 없이 모가지만 답답하다. 먹고 산다는 일은 먹고 죽는다는 일과 똑같은 성질의 노동이다.

 나는 흔히 내 또래의 젊은이들이 그 나이가 되면 홍역처럼 앓아보는 삶의 회의 같은 것에 사로잡혀 있었다. 그 어떤 것에서도 즐거움을 느낄 수가 없었다. 그리고 그 어떤 것에서도 존재 가치를 찾아볼 수가 없었다. 차라리 살아간다는 것이 짜증스러워서 견딜 수가 없을 지경이었다.

나는 차라리 모든 것을 포기하고 어디론가 여행이라도 훌쩍 떠나버리고 싶었다. 그러나 나는 그렇게 할 수가 없었다. 나는 너무도 많은 것들에게 묶여 있었다. 어머니에 대한 보은에도 묶여 있었고, 학점에도 묶여 있었고, 가정교사 하는 돌대가리 초등학생들에게도 묶여 있었다. 그리고 좀더 생각을 넓혀보면 그 이외에도 너무나 많은 것들에게 나는 묶여 있었다.

여행을 떠나본들 무슨 낙이 있으랴. 결국은 제자리로 돌아오게 되는 것은……

나는 한 마디로 말해서 이 세상이 지겹도록 싫었다. 날마다 그저 그런 생활의 연속뿐이었다. 어디 무인도에라도 가서 살아보았으면 좋겠다는 생각이 들었었다. 공부는 해서 무엇을 하나, 밥은 먹어서 무엇을 하나, 살아 있어서는 또 무엇을 하나 하는 따위의 잡생각들이 불쑥불쑥 가슴을 사로잡기 일쑤였다.

도대체 무슨 의미로 아직까지 이 세상에 살아남아 있느냐. 아무런 의미도 없는 과거, 아무런 의미도 없는 현재, 아무런 의미도 없는 미래……. 차라리 불면증으로 시달리는 편이 나에게는 한결 이롭다는 생각이 들었다. 아무런 의미도 없는 하루가 아무런 의미도 없이 흘러가고, 아무런 의미도 없는 밤이 다가와서 아무런 의미도 없는 나에게 아무런 의미도 없는 졸음을 몰고온다.

나는 가슴이 답답해지기 시작했다. 아무런 의미도 없이 태어나서 아무런 의미도 없이 죽어가기에는 아무래도 억울하다는 생각이 들었다.

인생이여! 제발 폼이라도 좀 나다오. 우리는 다시 한 번 건강하게 살고 싶다. 여자의 맨살도 마음껏 사랑하고, 술과 담배를 아무런 두려움도 없이 즐기면서 껄껄껄 한 번 정도 후련하게 웃고 싶다.

오후가 되면 어김없이 찾아오는 신열, 뼈마디가 쑤시는 고통 속에서 잠, 잠 속에서 만나는 악몽과의 뒤척임. 우리는 답답한 가슴으로 까무러치듯이 기침을 긁어 올리기도 하고, 불결한 피를 목구멍 밖으로 게워내기도 하며, 거무스름하게 부유하는 죽음의 어스름을 날마다 응시한다.

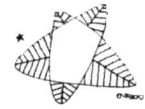

당신의 길

 가만히 있어도 시간은 흐르고, 시간이 흐르면서 그대는 죽게 될 것이다. 그대뿐만 아니라 나도 죽게 될 것이다. 죽어서 다시 억겁의 시간이 흐른 다음에는 결국 또 다른 먼지로 화할 것이다.

 살아 있는 모든 것이 그러한 것이며, 죽어 있는 모든 것이 결국은 그러할 것이다.

 통쾌하여라!

 우리가 증오한 모든 것들이 먼지로 화한다는 생각이여. 우리가 사랑한 모든 것들이 먼지로 화한다는 생각이여. 전혀 관심을 가져본 적조차 없는 하찮은 것들도 언제인가는 똑같은 먼지로 화한다는 생각이여.

정치가도 먼지로 화하고 학자도 먼지로 화하고 법관도 먼지로 화하게 된다. 꽃도 먼지로 화하고 대변도 먼지로 화하고 다이아몬드도 먼지로 화하게 된다.

그야말로 신의 은총이 아니고 무엇이랴.

나는 그 무엇에도 패배하고 싶지 않았으며, 그 무엇에도 버림받고 싶지 않았다. 내가 발을 붙이고 있는 이 황무지에서, 이 냉혹한 사람들과 기계들과 돈의 시대에서, 그 무서운 고독까지 모두 짊어지더라도 나는 쓰러지고 싶지 않았다. 버림받은 내 살과 뼈를 녹여서 하나의 빛나는 훈장을 가지고 싶었다.

이 길은 당신의 길이 아니다. 이미 내가 걸어가고 있는 길이므로 걷다가 쓰러지는 한이 있더라도 끝끝내 걸어보아야 하는 것이 아닐까.

이미 그 길은 스스로 내가 선택한 길이며, 죽음까지 연결되어 있는 길이다. 문제는 내가 패배하지 않고 그 어떤 흔적을 남기며 끝까지 걸어나갈 수 있는가 하는 것이다.

가슴 안에 매달려 있는 자물쇠

이 세상에는 마음의 문을 굳게 닫고 있는 사람들이 아주 많다. 또한 더러는 굳게 닫은 마음의 문에 육중한 자물쇠를 채우고 있는 사람들도 있다. 그들은 마음의 빗장을 굳게 닫은 채 살아가고 있었다. 현실 밖에 있는 모든 것들을 거부하면서 살아가고 있었다. 신화가 죽고 낭만이 죽고 예술이 죽고 사랑이 죽고 자유가 죽은 황무지에 유배되어 있었다. 어리석은 자들은 자기에게 주어진 자유를 지키기 위해 노력하지 않는다.

저마다 사람들은 선을 그으면서 살고 있다. 선 안에는 신화가 죽어 있었다. 선 안에는 전설도 죽어 있었다. 모든 사물들의 가슴에도 자물쇠가 걸려 있었다. 그러나 아무도 혼자서만은 행복할 수가 없다는 사실을 선 안에서 살고 있는 사람들은 모르고 있는 것 같다. 그들은 철두철미하게 벽을 쌓으면서 살아가고 있다.

비록 행복을 원하고는 있지만, 행복이 무엇인지도 모르고 있다. 사랑을 원하고는 있지만, 사랑이 무엇인지도 모르고 있다. 대부분의 경우에 그들은 부를 종교처럼 숭배했으며 권력을 성령처럼 받들어 모신다. 학생들의 책가방은 갈수록 더욱 무거워져가고 대학 문은 갈수록 비좁아져간다. 그런데 서점들은 장사가 되지 않아서 문을 닫는 경우가 많으며, 술집과 여관들은 밤마다 손님들이 미어터질 지경이다.

사방을 둘러보아도 온통 닫혀 있는 것뿐이다. 닫혀 있는 것에 덧붙여 육중한 자물쇠까지 매달려 있다. 식당이나 다방의 화장실에도 자물쇠가 매달려 있고 성당이나 교회의 출입문에도 자물쇠가 매달려 있다. 그러나 무엇보다도 두려운 것은 사람의 가슴 안에 매달려 있는 자물쇠라고 할 수 있다.

지구로의 유배

 오늘날 인간은 지구에게 어떤 존재일까. 악성피부병을 유발시키는 백해무익의 세균 같은 존재들은 아닐까. 옛날에는 신선들이 살던 선경이었을는지 모르지만 지금은 아니다.

 세찬 바람이 불어오고 있었다. 모든 건물들이 뿌연 흙먼지 속에 폐선처럼 정박해 있었다. 이따금 휴지들이 태풍에 날개를 접질린 갈매기처럼 위태롭게 하늘을 비상하고 있었다.
 사방에서 바람이 펄럭거리고 있었다. 이 도시에서 펄럭

거리지 않는 것은 아무것도 없는 것 같았다. 하늘도 펄럭거리고 땅도 펄럭거리고 사람도 펄럭거리는 것 같았다. 도시 전체가 누런 흙먼지 속에 침몰하고 있었다. 언제나 어금니에 흙먼지가 서걱거렸다.

최근 들어 기상이변이 자주 일어나고 있다. 과학자들은 오존층이 파괴되어 가고 있다는 사실을 경고하고 있다. 오존층은 자생 능력을 가지고 있기는 하지만, 이대로 계속 방치하면 오염도가 그 한계를 넘어서서 자생능력조차 상실해 버리게 된다는 것이다. 그렇게 되면 태양에서 발산되어지는 유해파들이 그대로 오존층을 통과하여 지구의 모든 생명체들에 치명적인 해를 입히게 된다. 도대체 얼마나 많은 전쟁 무기들을 실험하고 얼마나 많은 유해 물질들을 대기 중에 살포했으면 저 하늘의 일부에까지 구멍이 다 뚫어져버리는 것일까.

선진국들은 환경을 파괴하는 악행들을 수없이 자행함으로써 경제적인 이득과 군사적인 성과를 획득했다. 그러나 후진국들은 도대체 무슨 죄가 있다고 그들이 파괴한 환경 속에서 공포와 질병에 시달려야 하는 것일까. 그리고 무슨 책임이 있다고 그들이 파괴한 환경을 복원하는 경비를 충당해 주어야 한다는 것일까.

그들은 언제나 인류의 행복을 위해서라는 대의명분으로 자연의 파괴행위를 자행해 왔지만 이제 인간은 자연에 의해서 죽어가는 것이 아니라 인간에 의해서 죽어가고 있다.

사랑보다는 조건이 우선하는 시대가 도래해 있었다. 이혼율이 높아가고 있었다. 정조관념도 희박해져 가고 있었다.

나는 고립되어 있었다. 아무런 구원의 목소리도 들리지 않았다. 아무런 희망의 건덕지도 보이지 않았다. 오직 거대한 절망만이 나를 지배하고 있었다. 오직 처절한 슬픔만이 나를 지배하고 있었다. 나는 유배당해 있었다.

모든 폭력주의자들에게 신의 가호가 있으라. 하지만 반드시 이 지상에서 천벌을 받은 후에 있으라.

사람들이여, 명심하라. 인간적인, 진실로 인간적인 사람은 약한 자에게는 한없이 약하고 강한 자에게는 한없이 강하게 대할 줄 아는 사람이다. 하지만 그대 주위에는 그러한 사람이 몇 명이나 있는가?

다정도 병인 양하여 잠 못 들던 우리

봄에도 헤어지고 여름에도 헤어지고 가을에도 헤어지고 겨울에도 헤어졌다. 쓸쓸히.

그 중에서도 겨울에 헤어지는 것이 가장 가슴 아프고 어려웠다. 만 병의 독주를 마셔도 그리움은 지워지지 않고 카랑카랑한 하늘에 박혀 있는 별들처럼 더욱 선명하게 되어서 으스스 몸서리가 다 처질 지경이었다.

무슨 이유로 나는 헤어졌던가. 집도 절도 없는 떠돌이여서 헤어졌던가. 더러운 옷을 입고 있어서 헤어졌던가. 내 이름이 엉성해서 헤어졌던가.

아무런 목적도 없이 무작정 가출한 후에 끝도 없이 방황만 계속하다가 낯선 역 대합실에서 새우잠을 자거나 밥을 굶거나 동전을 구걸한 적이 있는가?

더 이상 머무를 수도 떠날 수도 없는 상태로 역사(驛舍) 주위를 시성거리고 있으면 어느 사이에 희끗희끗 눈발이 날리고 문득 생각해 보니까, 오늘이 바로 한 해의 마지막 날. 당신도 불현듯이 울고 싶은 심정에 처해보았던 적이 있는가?

하지만 누군들 겨울에 폐병을 앓아보지 않았으리요. 누군들 겨울에 언빵을 씹어보지 않았으리요.

모든 사람들이 마음의 문을 굳게 닫아걸고 단 하나 믿었던 당신의 애인마저도 떠나간 지금, 아직까지도 살아 있는 목숨 하나가 얼마나 눈물겹고 갸륵한지요.

그러나 우리는 모른다. 작별하지 않고도 견디면서 사는 방법을……. 다정도 병인 양하여 잠 못 들던 우리. 그러나 우리는 이제 무디어졌다. 작별하면 '어쩌다 생각이 나겠지' 정도로 덤덤할 수 있게 되었다.

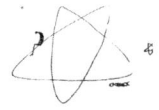

슬픈 날은 술 퍼, 술 푼 날은 슬퍼

고향에 돌아간들 무엇이 남아 있으랴.
짐작건대 비비새 울고 있던 찔레 덤불 그 자리에는
터무니없이 웅장한 집들만 들어서고
저물녘 노을빛 엎질러진 당산 바위언덕
뱀들이 비늘을 번쩍이며 굴을 찾아 돌아가던
이제는 황폐해졌으리. 그 섬뜩한 아름다움의 자리,
이제는 쇠잔한 바람만 불고 노을빛도 그때처럼
황홀하지는 않으리.

고향을 생각하면 아직도 감당할 수 없는 아픔들이 죽창

처럼 내 가슴을 찔러오곤 하지만 그래도 문득문득 고향에 가보고 싶다는 생각이 드는 것은 도대체 무슨 이유 때문인지 알 수가 없다.

삶에 대한 회의는, 이렇게 바람 부는 날 밤 한 잔의 술이라도 마시고 싶다는 충동을 참고 사무적인 일로 혼자 밤을 새우는 도중에 느닷없이 찾아온다.

처음에는 낭만으로 술을 배웠다. 그러나 지금은 자학으로 술을 마신다. 나는 기분 좋은 일이 생겨도 기분 나쁜 일이 생겨도 우선 술부터 마시고 싶어진다.

술이란 정말로 이상한 액체라고 할 수 있다. 취하면 모든 것들이 더욱 생생한 추억이 되어 되살아나기도 하고 더욱 짜릿한 아픔이 되어 가슴을 파고들기도 한다. 때로는 행복이 불꽃처럼 가만히 피어오르기도 하고, 때로는 슬픔이 물비늘처럼 잔잔히 쓸려들기도 한다.

그러나 실망하지 말라. 세상은 그렇게 어둠만으로 조직되어 있는 것은 아니다. 아직도 이 세상에는 그대가 남아 있다. 그대가 기다려야 할 것들이 남아 있다.

4장

비 오는 날 새들은
　　　　어디 있을까

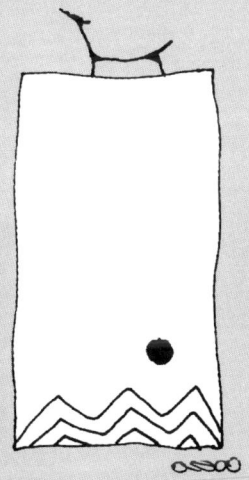

자연, 신이 선물한 최고의 사랑

농사를 지어서 만들어낸 음식보다 자연 그대로에서 얻어진 것이 더욱 훌륭한 음식이다. 농사를 지어서 만든 음식 속에는 인간의 욕심이라는 불순물이 들어 있지만, 자연 그대로에서 얻어진 음식물은 오직 신의 사랑 한 가지만이 들어 있기 때문이다.

대자연이야말로 만물을 보살피는 어버이며 만물을 가르치는 스승임을 알아야 한다. 대자연 그 자체가 영원불멸의 프로를 끊임없이 방영해 주고 있는 텔레비전이다. 인간의 과학이 아무리 발달한다고 하더라도 대자연보다 방대하고 대자연보다 흥미로우며 대자연보다 아름다운 내용을 방영할 수 있는 텔레비전을 만들어낼 수는 없다.

인간이 방영하는 텔레비전 프로를 24시간 내내 들여다보고 있는 사람보다는, 대자연이 만들어낸 꽃 한 송이를 24초간 들여다보고 있는 사람이 한결 인생을 행복하게 살아갈 수 있다.

우리가 자연 속에 몸을 담기만 하면 마음이 저절로 유쾌하게 되는 이유는 무엇인가? 자연이 한없이 그리워지는 이유는 무엇인가? 우리가 자연으로부터 비롯되었기 때문일까?

우리는 그 자연 속에 앉아서 우리의 정신과 영혼을 되찾아야만 한다. 우리가 삶의 터전인 자연 환경과 멀어진 것은 자기 자신과 정신적인 교감을 이룰 수가 없었기 때문이다. 지금까지 우리는 자연과 조화를 이루기보다는 문명이라는 명분 아래 자연을 파괴하는 일에 열중했다. 마치 자연을 지배하는 것이 삶의 목적이라도 되는 것처럼…….

그러나 어느 누구도 자연을 지배할 수는 없다. 이제부터 우리는 자연의 내밀한 목소리에 귀를 기울여야만 한다. 그래서 자연을 따르고, 자연으로 돌아가야 하는 것이다.

조물주가 저술한
아름다운 한 권의 책

몸은 가둘 수 있어도 마음은 가둘 수 없는 법이다. 몸은 새장 속에 갇혀 있지만 마음은 언제나 창공을 자유롭게 날아다니고 있다.

마타리, 부전나비, 억새풀, 풀무치, 오리나무, 쓰르라미, 엉겅퀴, 범나비, 물푸레, 참매비매, 찔레 덤불, 살모사, 쪽대풀, 참나무, 불개미, 산나리.

풀 한 포기도 벌레 한 마리도 모두 조물주가 저술한 아름다운 한 권의 책이다. 행여 하찮게 여기거나 함부로 손상하지 않도록 각별히 유념해야 한다.

장점과 단점에 대하여

때로는 단점으로 알았던 부분이 장점이 되기도 하고, 장점으로 알았던 부분이 단점이 되기도 한다. 여우는 부드럽고 아름다운 털을 가지고 있기 때문에 사냥꾼들의 표적이 되어 목숨을 쉽사리 잃게 되고, 고슴도치는 억세고 날카로운 털을 가지고 있기 때문에 누구나 경계하여 목숨을 오래 보존할 수가 있는 것이다.

몸집이 작고 털빛이 새까만 굴뚝새는 비좁고 어두운 돌틈에 숨을 수가 있기 때문에 매의 발톱을 피할 수가 있지만, 몸집이 크고 털빛이 화려한 장끼는 아무리 숨어도 쉽사리 노출되기 때문에 매의 발톱에 전신을 발기발기 찢기는 신세가 된다.

 만물이 저마다의 장단점을 가지고 있기는 하지만, 그것을 바라보는 관점에 따라서 얼마든지 견해가 달라질 수 있다. 경쟁이나 투쟁의 결과만으로 어떤 존재의 가치와 우수성을 평가해서는 안 된다. 대자연의 입장에서 보면 모든 존재는 동일한 가치와 우수성을 가지고 있기 때문이다.

 대자연의 눈으로 보면 만물에게는 일등도 꼴찌도 없다. 다람쥐가 나무를 잘 타기는 하지만 땅 속에서는 두더지를 당할 수가 없고, 제비가 하늘을 빨리 날기는 하지만 물 속에서는 송사리를 당할 수가 없다.

조화는 곧 진화다

 조화는 곧 진화다. 그러나 인간은 진화하고 있는 중이 아니라 퇴화하고 있는 중이다. 자연이라는 주체에 인간이라는 개체가 조화되지 않고 있기 때문이다.

 만물의 본질적 가치와 우수성은 동일해도 작용이나 형상은 서로 다른 법이다. 그래야만 만물이 조화롭기 때문이다. 일견 저 눈송이들이 똑같아 보일 수도 있지만, 돋보기로 자세히 들여다보면 모두가 제각기 다른 모양을 하고 있다. 과거에 내린 눈도 현재에 내리는 눈도 미래에 내릴 눈도 같은 개체는 없다. 모두가 다른 형상을 가지고 있는 것이다. 왜냐하면 저마다 차지하고 있는 시간과 공간이 다르기 때문이다. 엄밀히 따지고 보면 우주만물이 모두 천차만별이며 인간도 예외일 수는 없다.

비록 무생물이라 불리는 사물이라고 하더라도 그 어떤 사물이든지 간에 그 나름대로의 생명 활동을 하고 있다. 사고할 줄도 알고 표현할 줄도 안다. 다만 그 형질이 인간과 다르기 때문에 인간이 그것을 느낄 수가 없을 뿐이다.
인간은 아주 작은 소리를 알아들을 수가 없으며, 청력의 범위를 벗어난 너무 큰 소리도 듣지 못한다. 빛이 없으면 아무것도 볼 수가 없으며, 그렇다고 해서 너무 밝아도 볼 수가 없다. 정적은 온통 무수한 소리들로 가득 차 있으며, 빛 속에는 어둠이 그리고 어둠 속에는 빛이 깃들어 있다. 단지 인간의 잣대로 측정할 수가 없을 뿐이다.

만물은 오직 조화를 위해서 존재한다. 황새의 다리가 긴 것도 조화를 위한 것이며, 뱁새의 다리가 짧은 것도 조화를 위한 것이다. 땅콩이 왜소한 것도 조화를 위한 것이며, 킹콩이 비대한 것도 조화를 위한 것이다. 인간이 죽어가는 것도 조화를 위한 것이며, 씨앗이 싹트는 것도 조화를 위한 것이다. 그리고 그 조화의 주재자는 바로 대자연이다.

대자연은 한 치의 오류도 범하는 법이 없다. 대자연은 바로 완벽 그 자체라고 할 수 있다. 어떤 존재가 태어나더라도 만물의 조화는 깨뜨려지지 않으며, 어떤 존재가 사라지더라도 만물의 조화는 깨뜨려지지 않는 구조를 가지고 있다. 어떤 존재의 수가 늘어나더라도 만물의 조화는 깨뜨려지지 않으며, 어떤 존재의 수가 줄어들더라도 만물의 조화는 깨뜨려지지 않는 구조를 가지고 있다. 개체적인 수량이나 질량도 마찬가지라고 할 수 있다.

어느 시인은 이렇게 노래했다.
'지나간 날들은 모두 아름답다.'
이 세상에서 더러운 것은 아무것도 없다. 또한 이 세상에서 아름답지 않은 것도 없다. 어떤 사물에 대해 한없는 아름다움을 느끼게 되면, 그 사물을 한없이 사랑하는 마음이 생기게 되고, 비로소 그 사물과 나를 일치시킬 수가 있다. 그 어떤 대상이든지 아름다움을 느낄 수가 없으면 사랑도 느낄 수가 없다. 사랑은 아름다움에 의해서만이 싹을 틔우고, 아름다움에 의해서만이 꽃을 피우며, 아름다움에 의해서만이 열매를 맺을 수가 있는 것이다.

엑스트라의 무대, 지구

마타리꽃 대궁 위에 앉아 있던 밀잠자리 한 마리가 파르르 여린 날개를 떨며 황급히 날아올랐다. 그 곤충의 생애에는 겨울이 없었다. 가을이 끝나면 생애도 끝이었다.

지구상의 동물 발생연대를 기준으로 하여 서열을 따지자면 인간에게 있어 잠자리는 까마득한 왕고참에 해당하는 동물이었다. 지구 탄생에서 현대까지를 두 시간짜리 영화로 만든다면 처음 한 시간은 화산의 분화와 지각의 변동으로 인해 생물체라고는 그림자도 찾아볼 수가 없는 장면이 계속 이어질 것이다.

한 시간가량 지난 후에 원시적인 미생물이 물속에서 탄

생할 것이며 한 시간 사십 분이 지나서야 삼엽충이나 연체동물 따위가 나타나게 될 것이다. 인류가 등장하는 것은 영화의 제일 끝 부분이며 약 2.5초가 고작이다.

그 영화로 보면 지구를 무대로 살아가는 생물들의 역사 속에서 인간은 결국 엑스트라에 불과한 존재였다. 그런데 인간은 모든 동물들에게서 생명과 낙원을 강탈하고 자연과 환경을 무분별하게 오염시켜 놓았다.

그러나 신은 아무리 하찮은 미물에게라도 우주에서의 필수적 존재 가치를 부여해 주었던 것 같았다. 모든 생명체들이 그것을 잘 받아들이고 서로 상호관계를 유지하면서 진화하고 있는 것 같았다. 오직 인간만이 그것을 거부하면서 자신들의 능력을 맹신하고 있었다. 능력이란 자연과 우주를 대상으로 할 때 부끄럽지 않은 것이 하나도 없다는 사실을 전혀 자각하지 못하는 상태 같았다. 그런데 그들은 이제 부끄러움을 잊어가고 있었다. 부끄러움을 느끼는 기관이 도태되어 있었던 것이다.

어느 누가 거미만큼 신비하고 환상적인 건축물을 허공에다 그토록 아름답게 만들 수 있을 것인가.

그것은 거미가 보이지 않을 정도로 가늘고 투명한 실로

허공에다 섬세하게 드리워놓은 한 편의 시이며 노래이다.

역시 인간이란 좋은 것이다. 가슴이라는 것이 있기 때문에 좋은 것이다. 서로가 가슴속에 다른 식물을 키우고 있더라도, 그 식물을 진실한 마음으로 키운 자는 키운 자끼리, 먼 훗날은 가슴을 맞댈 수 있어 좋은 것이다. 인간에게 체온이 있다는 것은 정말 다행스럽다.

슬픔이 깊으면 자연을 벗하라. 모든 자연은 천혜의 성전이다. 그 성전이 당신에게 안식을 선사할 것이다. 자연을 사랑하는 사람이 곧 인간을 사랑하는 사람이다.

물은 본시 무리함을 행치 않아서 재촉해도 경사가 완만하면 서두르지 않고 재촉하지 않아도 경사가 급하면 서두르는 법. 닿는 것에 따라 조화를 이루면서 언제인가는 바다에 이르게 되는 것이다.

모름지기 인간은 저 물과 같아서 모든 것에 제 가슴을 활짝 열어주고 가슴 안에 들어온 것의 빛깔로 활활 타오를 줄도 알아야 한다.

나비의 가르침

한 마리의 나비가 우리의 차원으로 오기 전, 도대체 어디에서 어떤 형태를 가지고 살았을까.

처음에 저것은 알이라는 세계 속에 있었을 것이다. 알 이하의 세계도 모르고 알 이상의 세계도 모르는 상태에서 오직 알로서만 살아서 숨 쉬고 있었을 것이다. 그의 몸은 한 군데 접착되어져 움직일 수 없었으나 그는 움직인다는 것이 무엇인지도 몰랐을 것 같다.

그러나 알로서의 인생이 끝나는 날 그는 다시 무엇을 보게 되었을까.

그는 다시 애벌레의 세계와 만났을 것이다. 자신의 몸이 점차 커져감은 물론이려니와 먹이를 찾아 이리저리 이동할 수 있다는 사실이 더할 나위가 없을 정도로 경이로웠을 것이다.

하지만 그는 역시 그 애벌레 세계의 과거도 미래도 전혀 모르고 다만 애벌레 세계에서만 살아 있었던 것은 아니었을지.

곧 그는 번데기가 되었을 것이다. 그리고 지금까지 체험하지 못했던 또 하나의 세계를 보게 되었을 것이다. 고치 속에서의 안락과 평화, 기나긴 잠과 아름다운 꿈, 그 세계를 끝으로 그는 나비가 되었을 것이다……

그것이 바로 인생이 아닐까.

인생이라는 것 역시 그러한 과정 중의 하나에 불과한 것이 아닐까. 좀더 높은 차원에서 내려다보면 인간이라는 것도 역시 하나의 미물, 알이나 애벌레나 번데기 정도에 불과한 존재일지도 모른다. 인간이 인간이라는 전 과정을 마치는 순간, 인간은 인간이 아닌 형태의 다른 자아로 다시 변모될 것인지도 모른다. 그것은 아마도 경이롭고 황홀한 세계, 영혼과 사랑과 지성이 잘 조화되어진 인간의 이상세계일 것이다.

지렁이의 가르침

지렁이는 그 얼마나 도자적(道子的)인 생물인가. 지렁이는 절대로 하찮은 미물이 아니다. 지렁이야말로 위대한 대지의 경작자라고 할 수 있다.

지렁이는 끊임없이 흙을 삼켜서 토해내는 생물이다. 지렁이의 장 속을 통과한 흙은 특유의 기관인 석회선에 의해 토양을 기름지게 만들어주며, 질산을 현저하게 증가시키는 특성을 가지고 있다.

따라서 식물의 생육을 촉진시키는 일에도 지대한 영향을 미치고 있는 것이다.

그러나 지렁이는 어떤 생물보다도 겸손하고 온순한 성

품을 가지고 있다.

다른 생물들은 자신의 생존을 위해서 각종 공격무기나 보호장치를 가지고 있지만, 지렁이는 아무런 공격무기나 보호장치도 가지고 있지 않은 생물이다. 독침도 없고, 이빨도 없고, 발톱도 없다. 상대편을 속이는 위장술도 없으며, 재빨리 도망가는 능력조차 없다.

공중을 나는 새들도 지렁이를 먹을 수 있다. 물속을 헤엄치는 물고기들도 지렁이를 먹을 수 있다. 땅바닥을 기어다니는 개미들도 지렁이를 먹을 수 있다.

하지만 지렁이는 어떤 동물도 공격하는 법이 없었다.

먹다가 어느 정도만 남겨놓으면 다시 복원될 수 있도록 자신을 진화시켜 두었기 때문이다.

그렇기 때문에 지렁이는 가장 지혜롭고 덕성스러운 대자연 속의 스승이라고 할 수 있다.

누에의 가르침

누에는 완전 탈바꿈을 하는 곤충이다. 알, 애벌레 그리고 번데기의 과정을 거쳐서 성충이 되는 것이다. 그런데 항상 알만 보았던 사람은 그것이 누에가 된다고 말하면 도무지 믿으려고 하지 않는다. 마찬가지로 항상 누에만 보았던 사람은 그것이 고치가 된다고 말하면 도무지 믿으려고 하지 않는다. 그리고 알과 누에와 고치 밖에 보지 못한 사람은 그것이 나방이 된다고 말하면 도무지 믿으려고 하지 않는다.

우리의 마음도 역시 마찬가지라고 할 수 있다. 알처럼 한 곳에 가만히 고정되어 있는 마음이 있는가 하면 누에처럼 전후좌우로 기어 다닐 수 있는 마음이 있다. 번데기처럼 고치 속에 갇혀서 묵묵히 날개를 키우고 있는 마음이 있는가 하면 나방처럼 하늘을 자유롭게 날아다닐 수 있는 마음이 있다.

그런데 이 세상에는 고치 속에 갇혀서 묵묵히 날개를 키우고 있는 마음이나 자유롭게 하늘을 날아다니는 마음보다는 알처럼 고정되어 있는 마음이나 전후좌우로 기어 다닐 수 있는 마음이 판을 치고 있다. 날개는 무슨 얼어 죽을 놈의 날개냐, 누에는 영원히 누에일 뿐이지 나방이 될 수 없다는 주장이 나오는가 하면, 세월이 가면 저절로 날개를 가지게 되는데 조금도 걱정하지 말라고 하면서 무사태평으로 낮잠만 자는 부류들까지 있다. 부지런히 뽕잎을 먹고 고치를 만들 생각은 추호도 하지 않는다. 공안을 주어도 아무런 소용이 없다. 공안도 알, 애벌레, 번데기 그리고 성충으로 차츰 성장하는 법인데, 부화도 시키지 못하거나 겨우 애벌레 상태에서 죽어버리고 마는 것이다.

새는 기르는 사람의 애정을 쪼아 먹고 사는 것이지, 결코 먹이로만 사는 것은 아니다.

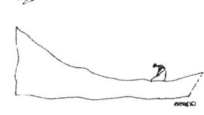

입내새의 가르침

입내새는 자기 고유의 지저귀는 소리를 지니고 있음에도 그것을 좀처럼 사용하지 않는다. 그 대신에 입내새는 자기 근처에서 지저귀는 다른 새들의 울음소리를 흉내낸다. 자기가 들은 것은 무엇이든지 다시 되풀이한다.

굴뚝새의 즐거운 지저귐을 들었다면 입내새는 그 즐거운 곡조를 반복하여 소리내고, 블루제이처럼 솔직하게 꾸짖는 듯한 소리를 들으면 또한 그와 같이 울어댄다. 입내새에게는 그 밖의 어떠한 것이라고 하더라도 자기만의 소리가 아닌, 그 모든 것이 얻어들은 소리인 것이다.

이름 없는 것들의 가르침

이름을 알 수 없는 새 한 마리가 머리 위를 가로질러 어디론가 날아가고 있다. 저 새는 어느 먼 윤회의 강물을 건너 이 세상으로 와 한 마리 새가 되었을까. 그리고 지금은 또 어느 먼 윤회의 강물을 향해 저렇듯이 고단한 날갯짓으로 날아가고 있는 것일까.

그대는 모래알이 될 수도 있고 물방울이 될 수도 있다. 바람이 될 수도 있고 민들레가 될 수도 있다. 태양이 될 수도 있고, 바다가 될 수도 있다.

못 가에 사는 야생의 꿩은 열 걸음 걸어서 모이 한 번 쪼아 먹고 백 걸음 걸어서 물 한 모금 마시는 신세지만 새장 속에서 길러지기는 바라지 않더라. 비록 잘 먹어서 기력은 왕성할지도 모르지만 마음이 즐겁지 않기 때문이다.

시간의 가르침

시간이 아주 느리게 흘러가고 있었다. 이럴 때마다 시간이라는 것이 동물성이었으면 좋겠다는 생각을 했다. 꽁무니에다 침이라도 따끔 찔러놓으면 맹렬하게 앞으로 질주하는 말 따위와 같은 것이라면 얼마나 좋을 것인가.

나는 미친 듯이 시간을 거꾸로 돌리는 일에 모든 정신을 집중하기 시작했다. 그것은 그야말로 하나의 새로운 세계였다. 나는 비로소 갇혀 있던 그동안의 의식에서 탈출할 수 있을 것 같은 느낌이었다.

마루 바닥을 보면 마루 바닥의 시간을 거꾸로 돌려보기

시작했다. 무수한 사람들이 동작을 거꾸로 구사하면서 나타났다가 사라졌다. 인부들과 목수들이 사라지고 나면 제재소가 나타났다. 톱날이 빠지면서 나무들이 하나하나 붙어서 제 모양을 갖추었다. 이윽고 산판길을 거꾸로 기어 올라가는 트럭, 다시 나무는 제 자리에 서게 되었다. 그리고 떨어졌던 낙엽이 다시 붙고 그것이 초록색으로 변하고 초록색에서 연두색으로······.

나는 눈에 보이는 것은 무엇이든지 닥치는 대로 시간을 거꾸로 흐르게 만들어서 하루에도 수십 가지를 먼 과거까지 올려다 놓았다.

마침내 지구조차도 먼지로 만들 수가 있게 되었다. 나 자신조차도 먼지로 만들 수가 있게 되었다. 나는 날마다 그 일에 열중했다. 그 일에 열중하는 동안 나는 비로소 나 자신이 무의미에 닿아 있다는 사실을 의식할 수가 있었다.

사람이 살아가는 이유하고 바람이 눈에 보이지 않는 이유하고 무슨 관계라도 있는 것일까?

누가 나에게 시간이 어떻게 생긴 것인지 묻는다면, 나는 이렇게 대답하고 싶다. 산소 용접을 할 때, 비늘같이 날카롭고 강렬하게 쏟아지는 빛살, 그것처럼 의식 속에 있는 모든 형상들을 하얗게 태워버리는 강렬한 백광의 가시성 에너지라고.

물의 가르침

물은 넘을 수 없으면 돌아가고, 넘지도 돌아가지도 못하면 기다린다. 기다림이 다하면 증발한다. 그러므로 물의 갈 길은 막을 수가 없다. 그 무엇도.

물가에 사는 사람들은 물의 기능을 알 수 있어도 물의 본질은 알지 못하는 경우가 많다. 이는 물의 바깥에서 관찰자의 시선으로 물을 바라보았기 때문이다. 진정으로 물을 알려면 물의 입장에서 사람을 바라보아야 한다.

물 흐르는 대로 흘러 다니면서 마음자리를 찾아 헤매는

이 보람된 일. 마음 문 닫힌 이들아, 한 번쯤은 눈여겨보아라.

우리가 아름다운 음악을 듣고 마음이 흔들리는 것은 우리가 한때 아름다운 음악이었기 때문이다. 우리가 따뜻한 불빛을 보고 마음이 흔들리는 것은 우리가 한때 따뜻한 불빛이었기 때문이다.

석가는 자비를 설법했고 예수는 사랑을 전파했다. 도(道)란 인간의 완성을 위해 절대적으로 필요한 것이다. 왜냐하면 완성된 인간이야말로 마음 안에 자비와 사랑이 충만할 수가 있기 때문이다.

하지만 곤충들과 마찬가지로 마음도 탈바꿈을 하게 된다. 거기에 따라 자비와 사랑도 탈바꿈을 하게 되는 것이다. 마음의 상태가 알의 단계에 머물러 있는 자는 아는 것이 알 밖에 없다. 따라서 남에게 베풀어도 알의 범주 내에서만 베풀게 된다. 알은 누에나 번데기나 나방에게는 베풀 수가 없다. 하지만 마음의 상태가 나방의 단계에 도달해 있는 자는 아는 것이 보다 크고 광범위하다. 따라서 남에게 베풀어도 나방의 범주 밖까지 베풀 수가 있다. 같은 나방에게는 물론이려니와 번데기와 누에와 알에게까지도 자비와 사랑의 날갯짓을 보낼 수가 있는 것이다.

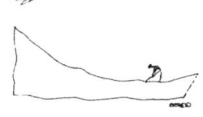

연못에 비친 달을 누가 훔치랴

어느 시인이 말했다.

바다에 가 보니까, 이미 그것은 바다가 아니라고……

마음 안에서 사랑한 모든 것들은 영원히 마음 밖에서는 만날 수 없다. 이 세상 모든 어려운 문제를 푸는 열쇠는 바로 우리의 가슴속에 들어 있는 것이다.

지구상에 있는 모든 생명체의 육신은 지구상에서 만들어지나 정신과 영혼은 우주에서 얻은 것이다.

눈이 내렸다. 갑자기 이 도시 사람들의 표정이 시인을 닮게 되고, 이 도시 개들의 표정까지도 시인을 닮게 되었다.

자연을 파괴하는 방법을 모른다는 사실은 곧 인간을 파괴하는 방법을 모른다는 사실과 같은 의미를 가지고 있다.

 모든 문화는 자연을 떠나서는 합리적인 성과를 기대할 수가 없다.

 사람이 당나귀 고삐를 쥐었다고 해서, 당나귀 마음까지 좌지우지할 수는 없는 법이다.

 이 세상의 모든 대학은 인간이 축조해 놓은 가장 협소한 지식의 감옥에 불과하다. 대부분의 대학들이 수많은 젊은 이들을 질긴 논리의 창틀 속에 감금시키고, 마음으로써 대우주를 거침없이 넘나들 수 있는 자유를 속박하기 때문이다. 대자연이야말로 이 세상에서 가장 위대한 스승이자 대학이라고 할 수 있다.

 자연과 조화를 이루어라. 자연을 벗으로 삼으면 어떤 사물들과도 이야기를 나눌 수 있다. 당나귀와도 이야기를 나누고 다람쥐와도 이야기를 나누고 산과도 이야기를 나누고 모래알과도 이야기를 나누고 하늘과도 이야기를 나누고 바람과도 이야기를 나눌 수 있다.

 모든 사물들을 극진하게 대하면, 어느 날 문득 자연의 마음을 알게 되는 날이 오게 된다. 그대가 바위를 사랑하면 사랑할수록 자연의 마음이 열리는 날이 빨리 도래하게 될 것이다.

산을 마주하면 산하고 나이가 같아지고, 강을 마주하면 강하고 나이가 같아진다.

5장

날개가 있다고
　　모두 새는 아니다

영혼의 눈으로 보는
세상을 보는 사람들

모름지기 예술이란 육신의 눈보다는 영혼의 눈을 필요로 하는 분야라고 할 수 있다. 예술은 손끝에 의해서 만들어지는 것이 아니라 영혼에 의해서 만들어지는 것이다.

대개의 예술가들이 외롭고 어두운 생애를 살다간 이유는 무엇일까? 그것은 아마도 사람들이 예술품은 자기의 생활에 필요할지도 모르지만, 예술가는 전혀 필요하지 않은 것으로 착각하면서 살아가고 있기 때문일 것이다.

예술가란 일반 기능공과는 다르다. 모든 기능공들은 자

신의 생활을 향상시키기 위하여 그 기능을 발휘하지만 예술가는 작품을 위해서 향상된 생활도 얼마든지 버릴 수가 있다. 왜냐하면 작품이라는 것이 생활보다 더욱 가치 있다는 생각을 가지고 있기 때문이다.

  예술가들 중에는 자신의 작품을 생명과 맞바꿀 수 있다고 생각했던 사람들도 많이 있다. 생명이란 정말로 귀중한 것이다. 생명과 생명끼리도 맞바꿀 수가 없다. 그러나 사랑과 작품 그 두 가지라면 맞바꿀 수 있다. 하여튼 그러한 가치 있는 작품을 만드는 과정에 있어서 예술가들이 어떤 모험을 필요로 하는 것은 분명한 사실이다. 그러나 그 모험은 우연과 요행에서 획득되어지는 성과를 기대하는 모험이 아니라 순전히 자신의 능력으로 거둘 수 있는 모험이다. 남들이 다 할 수 있는 일이란 성취를 하더라도 아무런 의의가 없는 것이다. 그리고 남의 간섭이나 지시를 받아서도 안 된다고 생각한다. 순전히 독자적인 것이어야 하기 때문이다. 게다가 그 노력에 대해 아무런 보수나 직위나 명예 따위를 바라지도 않는다. 오직 완성된 작품의 아름다움, 그것만이 자신의 노력에 대한 최대의 보수라고 생각한다. 그가 진정한 예술가라면.

예술은 아름다움을 추구하는 하나의 종교

 적어도 진정한 예술가라면 그 마음이 인간뿐만 아니라 다른 사물들에게까지도 전달되어서 감동을 줄 수 있어야 한다.

 작품을 제작할 때에는 언제나 경건한 마음을 가지지 않으면 안 된다. 경건한 마음을 가질 경우에 자세는 저절로 흐트러지지 않게 된다.

 모든 예술가들이, 자기가 사랑하는 대상을 그 내부까지 묘사하기 위해 노력할 때, 비로소 떠도는 자기의 영혼을 자기 육체 속으로 불러들이게 되는 것이다. 결코 평범한 상태로는 평범 이상의 작품을 만들어낼 수가 없다.

예술가는 작품이라는 진주를 만들기 위해 일부러라도 자기 자신의 생활에 상처를 내는 사람들이다.

모든 예술 작품은 저절로 감상되는 것이지, 말로 설명되는 것이 아니다. 따라서 풍부한 지식의 소유자들보다 풍부한 감정의 소유자들이 더욱 예술의 본질에 접근하기가 용이하다.

그런데 어떤 지식인들은 예술 작품을 도마 위에 올려놓고 무딘 식칼로 난도질을 해서 부정확한 저울로 그 무게를 달아보기를 좋아한다. 하지만 난도질을 당한 채 저울 위에 올려져 있는 것은 이미 본래의 예술 작품과는 무관한 그 무엇이다. 억지로 분해한 시계는 이미 시계가 아닌 것이다.

그러나 더욱 참을 수 없는 것은 마치 액자를 하나밖에 가지고 있지 않은 그림 상인과 흡사한 형태를 가진 일부 지식인들이다. 그림의 특성이나 대소 여하에 관계없이 무조건 자신이 가지고 있는 액자 속에 모든 그림들을 구겨넣으려고 하는 사람들이다.

심지어 그림이 자신의 액자보다 커서 잘 들어가지 않을 경우에는 그림의 일부를 무지막지하게 잘라버리는 작자들까지 있다. 그들에게 있어서 모든 예술 작품은 무생물에 지나지 않는 것처럼 보인다.

 누군가 예술을 위하여 이 황무지에서 굶어 죽을 필요가 있다. 한 권의 책보다는 한 편의 텔레비전 프로그램을, 한 악장의 심포니보다는 한 소절의 유행가를, 한 폭의 미켈란젤로보다는 한 장의 벌거벗은 여배우 사진을 사람들은 더욱 사랑하고 있다. 이 도시에서 예술을 하고자 하는 사람들은 순교자 같은 최후를 각오하지 않으면 아니 되리라.

시인

　시인은 유난히 눈물이 많은 사람이다. 이른 봄 양지바른 비탈에 피어 있는 연분홍 진달래만 보아도 눈물을 흘리고, 초여름 먼 산에서 우는 뻐꾸기 소리만 들어도 눈물을 흘린다. 자연이 너무나 아름다워서 눈물을 흘리고, 각박한 세상이 안타까워서 눈물을 흘리고, 몽매한 사람들이 불쌍해서 눈물을 흘린다.

　시인은 아무런 탐욕이 없다. 아무리 아끼는 물건이라도 탐내는 사람이 있으면 조금도 망설이지 않고 주어버리면서도, 정작 한 번도 남의 물건을 탐낸 적은 없다. 시인은 시가 세상을 썩지 않게 만드는 최상의 방부제라고 생각한다. 마음이 부패하면 시도 부패하고, 시가 부패하면 세상도 부패한다고 생각하는 것이다.

아무나 농사를 지을 수는 있어도 아무나 농사꾼은 될 수 없으며, 아무나 시를 쓸 수는 있어도 아무나 시인이 될 수는 없다.

피땀을 흘리지 않는 농사꾼이 풍성한 수확을 기대할 수 없듯이 고통을 감내하지 않은 시인이 아름다운 시를 기대할 수는 없다. 시는 무통분만이 불가능한 예술이기 때문이다.

증류수처럼 투명한 영혼을 간직한 채 살아가는 이 시대의 마지막 서정시인은 당연히 낭만과 예술이 매몰되어 가는 현실을 남보다 몇 배나 고통스러워하면서 살아갈 수밖에 없다.

시인이 자유를 노래하는 것이 도대체 어느 하늘 아래에서 죄가 되는가?
나는 자유롭게 살고 싶었다. 나는 인간답게 살고 싶었다. 그러나 단 한 번도 자의에 의한 삶을 살아갈 수가 없었다.

나는 언제나 외톨이였다. 사람들은 어느 사이에 돈이나 기계나 제도 따위와 한패가 되어 나와는 전혀 다른 시간들을 경영하면서 살아가고 있었다. 사랑하는 빈센트 반 고흐. 나도 한쪽 귀라도 자르고 싶었다.

시인은 쇠그물이 쳐져 있는 봄의 창살 밑에서 날마다 온 정신을 집중시켜 원고지 속에다 자유라는 이름의 씨앗들을 심어넣는다.

시인의 아픔을 이해할 수 있는 대통령은 만백성의 아픔도 이해할 수가 있다.

시인은 결코 닭이 아니다.
날만 새면 습관적으로 울음을 울어서 다른 사람의 잠을 깨워주어야 하고 둥지에 들어앉기만 하면 의무적으로 하루 한 알씩 계란을 낳아주어야 한다고 생각하는 것은 몰상식한 인간들의 편견에 지나지 않는다.

시(詩)는……

어떤 사람들은 말한다.
'이 시는 도무지 이해할 수가 없어. 너무 어려운 시야.'
그러나 어려운 것은 시가 아니라 그렇게 말하는 사람의 시에 대한 편견이다. 도대체 시를 이해하려고 든다는 것부터가 무모하다. 시가 감상되는 것이라는 기초적 상식을 버리고서는 도저히 시에 근접할 수가 없는 것이다.

이 세상이 왜 이토록 험악하게 변했는지 아는가? 시를 사랑하는 마음들을 가지고 있지 않기 때문이다.
만약 하늘을 향해 한 점 부끄러움이 없기를 잎새에 이는 바람에도 나는 괴로워했다는 시인의 가슴을 모두가 느낄 수만 있다면, 이 세상에 최소한 전쟁이나 증오 따위는 존재하지 않았을 것이다.

우리의 가슴 안에는 절대적으로 시가 필요하다. 시를 읽고 눈시울을 적실 수 있는 감성이 필요하다.
그러나 시라는 것이 어디에서 생겨나는 것이랴. 들리는 모든 것이, 보이는 모든 것이, 그리운 모든 것이, 사랑하는 모든 것이, 시가 되고 눈물이 되는 것이 아니랴.
애증이 없이 어찌 인간으로 남아 있을 것이며 이론과 실제만으로 어찌 인간끼리 살아갈 수가 있을 것인가.

그대는 모른다. 시가 얼마나 지독하게 짙은 아편인가를……. 아편꽃을 씹으면서 우리가 끌어안는 외로움이 얼마나 저린 뼈와 형벌인가를…….

모래알이라는 이름의 작은 지구 속에는 어떤 마음을 가진 시인들이 살고 있을까.

그리고 시인이여!

 시인이여! 당신은 철저하게 고독해야만 시를 쓸 수가 있다. 될 수 있는 한 자학하면서 살아야 한다. 그러나 굶거나 몸에 상처를 입히지는 말라. 부디 시 속에서만, 시 속에서만 울어야 한다.

 한 줄을 건지기 위해 한 달을 잠 못 들었다면, 한 편을 버리기 위해서는 또 얼마나 잠 못 들어야 하는 것인지…….

 그 어떤 행동이 보여주는 위력보다도 단 한 줄의 시가 보여주는 위력이 얼마나 진실하고 위대한 가치를 지니는가!

인간이 시를 모른다는 사실은 곧 죄악이다.

 문학과 가정 중에서 어느 것이 더욱 소중한가? 나는 어느 것이 더욱 소중하다고 잘라 말할 수가 없다. 둘 다 소중하지만 그 색채가 다르다고 생각한다. 문학은 개인적인 이유에서 소중한 것이고 가정은 타인에 대한 애정이 담겨 있기 때문에 소중하다.

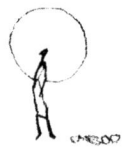

나의 소설

나는 소설가라는 나의 직업에 대해서 만족하고 있다. 하등의 불만이 없다. 그것은 내가 목마름과 외로움, 배고픔과 추위, 절망과 고통이 뒤엉켜 있는 가시밭길을 헤치고 서른 살에 비로소 얻어낸 직업이다.

그것은 내가 평생을 일구어야 할 땅, 평생을 걸어가야 할 길, 바로 내 목숨을 묻어야 할 그 자리다. 앞으로도 목마름과 외로움, 배고픔과 추위, 절망과 고통은 계속 이어질 것이다. 지금까지 내가 겪었던 것보다 더욱 가혹한 아픔들이 기다리고 있을지도 모른다. 그러나 그것을 극복하기 위해서 나는 산다. 그것을 극복하기 위해서 나는 쓴다. 농사꾼이 땅을 일구어 곡식을 가꾸듯이 나는 원고지를 일구어 언어의 씨앗을 뿌리고 거기에 내 정신의 물을 주는 것이다.

 소설가는 대지를 경작하는 농사꾼과 서로 닮은 점이 많다. 소설가는 영혼의 낱말들로 원고지라는 이름의 전답에다 깨우침의 씨를 뿌리는 농사꾼이라고 할 수 있다. 때로는 거름 대신에 살과 뼈를 고랑마다 깎아넣고 때로는 농약 대신 피와 눈물을 씨앗마다 적셔주어야 한다. 소설은 문학이며 문학은 예술이라는 사실을 결코 망각해서는 안 된다.
 예술은 손끝으로 하는 것이 아니라 가슴으로 하는 것이다. 예술은 이해함으로써 접근되어질 수 있는 영역이 아니라 감동 받음으로써 합일되어질 수 있는 영역이다. 예술은 곧 아름다움이며 아름다움은 곧 행복이다.

 요즘 사람들은 자기 능력으로 직접 확인하지 않은 사실은 사실로 인정하지 않으려는 경향이 있다. 그래서 나는 더러 비현실적인 소설을 쓴다는 소리를 듣곤 한다. 그러나 내가 쓰는 소설은 나에게 있어서 어디까지나 현실적인 것들이었다.
 그런데 이야기만으로 소설이 되는 것은 아니다. 언어와

의 치열한 투쟁 끝에 얻어낸 자기만의 실로서 자기만의 무늬를 놓아 비단을 짜고 그것을 정교하게 바느질해서 인간에게 입혀 놓았을 때, 반드시 그 인간이 어떤 의미로든 아름다움을 가질 수 있어야 한다고 나는 믿고 있다. 그냥 재미있는 이야기나 기구한 운명 따위야 영화나 텔레비전에서 얼마든지 찾아볼 수가 있다.

밤마다 원고지와 씨름했다. 그리고 언제나 혼자였다. 때로는 창문 가득 하얀 성에의 수풀이 무성하게 자라오르고 모든 생명과 시간이 다른 차원으로 전환되기라도 한 것처럼 사방이 깊은 적막 속에 가라앉아 있었다. 더러는 바람이 몽유병을 앓으면서 슬레이트 지붕 위를 초조하게 서성거리는 소리, 멀리 떨어진 곳에서 들리는 밤기차의 기적 소리, 옆집 텔레비전이 방송을 마감하는 애국가 소리, 방범대원들의 호루라기 소리, 질주하는 자동차들의 엔진 소리, 그런 소리들이 적막을 깨뜨리기는 했지만 그 뒤에는 언제나 더욱 깊은 정적이 갈비뼈를 저린 외로움 속에 젖어들도록 만들곤 했다. 그럴 때마다 나는 불현듯이 사람들에 대한 그리움에 잠기곤 했다.

당신은 이해할 수 있는가? 저 문명의 거리에서 시달리며 내가 보낸 나날……. 소설이고 나발이고 다 걷어치우고 막걸리 국물로 얼룩진 작업복을 걸친 채 비틀거리면서 살아온 나날……. 내가 경영한 자학이며 빌어먹을 울분들을…….

나에게 있어서 언어는 자연 그 자체라고 할 수 있다. 바람이 불면 흔들린다. 햇빛을 받으면 반짝거리고, 탁하고 습한 곳에서는 썩기도 한다. 그것은 감정을 가지고 있으며 무척 다루기 힘든 대상이다. 때로는 흐느끼고 때로는 분노한다.

나는 되도록이면 언어 그 자체를 생물로 만들기 위해 노력한다. 그것은 추상이 아니라 구상이다. 나는 소설이 단순히 스토리 때문에 읽히는 것이라고 생각하지 않는다. 그것은 언어의 동작들이 가지고 있는 아름다움 때문에 읽히는 것이라고 믿었다. 언어의 동작이라니? 미친놈이로군. 이런 식의 반응을 보이는 분들에게는 더 이상 말을 할 방법이 없다. 그분들은 이미 그분들의 의식 속에서 관념이라는 덮개로 언어를 뒤덮어서 질식시킨 사람들이기 때문이다.

나의 그림

일차원적인 인간들의 세상. 그런 사람들은 그림을 먹을 수 없다, 고로 그림은 무가치하다. 돈으로는 먹을 것을 살 수 있다, 고로 돈은 가치가 있다고 단순하게 말한다.

그림을 그릴 때에는 자신이 그리고자 하는 대상이 진실로 아름답다고 생각되지 않으면 절대로 붓을 잡아서는 안 된다. 그 대상의 외양이 아니라 마음을 그려야 하는 것이다.
자신이 아름답다고 생각되지 않는 대상을 그리게 되면 잔재주와 속임수만 익히게 될 뿐이다. 그리고 잔재주와 속임수로는 대상의 겉모습밖에 그려낼 수 없다.

자신이 그리려고 하는 대상의 마음이 파악되지 않은 상태에서 그림을 그렸을 경우에, 그것이 아무리 그 대상과 똑같은 모양을 가지고 있다고 하더라도 그것은 그 대상의 허망한 그림자에 불과하다.

자신의 마음과 모든 사물의 마음까지를 그릴 수 있을 때, 비로소 그림을 그릴 줄 안다고 말할 수가 있다.

좋은 그림이란 잘 그리려고 애를 쓸 때보다는 자유롭게 그리려고 애를 쓸 때 생겨난다. 진실로 아름다운 것은 우리의 마음 안에 깃들여 있다.

사람의 깨어진 머리를 꿰매고 콩팥을 떼어내고 주사를 놓아주는 일 따위가 그토록 위대하고 멋있는 것일까? 무채색으로 영혼을 스케치하고 사랑하는 여자를 스케치하고 아름다운 꽃들을 스케치하고 심지어 음악까지 캔버스에다 옮겨놓는 것은 왜 사람의 깨어진 머리를 꿰매고 콩팥을 떼어내고 주사를 놓아주는 일보다 한결 인기가 없는 것일까?

캔버스에 문질러대는 그 수많은 색깔. 밤을 지새우면서 경영하던 그 한없는 공간, 발버둥, 추구, 시도, 실패와 극복······. 이런 것들이 고작 쉽게 밥벌이를 하기 위한 인생 연습은 아니다.

훌륭한 화가는 내가 어떤 것을 그릴 수 있다는 자부심에 의해서 만들어지는 것이 아니라, 내가 어떤 것을 그릴 수 없다는 열등감에 의해서 만들어지는 것이다.

마음에 드는 그림은 평생에 단 한 점으로 족하다.

작품 하나만을

흙을 반죽하면서 내 마음을 흙 속에다 집어넣는다. 그때부터 나는 흙이 되고 흙은 내가 되어서 하나로 뒤섞인다. 불에 넣을 때에도 그것은 마찬가지. 나는 불이 되고 불은 내가 될 수가 있어야만 한다. 그래야만 불을 마음대로 다룰 수가 있다. 만약 불을 마음대로 다루지 못하면 지금까지 아무리 정성을 다한 일도 도로아미타불이 되고 만다.

도자기를 다 만들어놓고 거기에 무엇을 담아보는 일도 중요하다. 더러운 똥을 담았다고 생각했을 때, 똥이 더럽게 느껴지면 그것은 실패다. 그 어떤 것을 담더라도 도자기는 마음에 티끌만한 거슬림이 없어야 한다. 도자기는 바로 우주 그 자체여야 한다. 그런 것이야말로 신품(神品)이다.

평생 남의 일이나 거들면서 단 한 번도 자기와의 일체감을 느끼지 못하고 살다가 죽는 사람들이 허다하다는 것을 떠올리면, 내가 계획하고 있는 그 작품 하나만을 남겨놓고 죽는다고 하더라도 내 삶은 그리 억울한 것이 아니다.

화선지 위로 붓이 가볍게 한 번씩 스쳐 지나갈 때마다 새가 날아올랐다. 매화가 피어났다. 산이 일어섰다. 안개가 스러졌다. 바람이 불었다. 숲이 흔들렸다.

6장

멀고도 슬픈 길

확인하라, 날마다 확인하라

인간은 과연 존엄한가. 존엄하고 싶을 뿐인가.

인간이 만물의 영장이라는 말은 아마도 인간의 자만심에 불과할 것이다. 모기를 보라. 얼마나 만물의 영장을 조롱하고 있는가. 만물의 영장이 제 손으로 제 따귀를 갈기는 모습을 보며 귓전에서 깔깔깔 웃는 소리.

인간이 살아 있을 때에는 아무리 위대한 만물의 영장이라고 해도, 그래서 하찮은 것들, 그것들을 지져 먹고 날로 먹을 수가 있다고 해도 그것들은 그것들대로 언제든지 인간을 먹을 수가 있을 때가 오는 것이다. 풀도 벌레도 인간을 먹을 수 있을 때가 오는 것이다.

확인하라. 날마다 확인하라. 이 텅 빈 네 주위를. 하지만 외로움을 두려워하지 말라. 외로움은 껴안으면 껴안을수록 더욱 외로운 것이다. 그러나 더욱 있는 힘을 다해 껴안으라.

마침내 헐벗은 네가 보일 때, 이 냉혹한 기후의 황무지에서 홀로 살아온 네 알몸이 보일 때, 비로소 네 그림은 더욱 빛날 것이다.

그대가 진실로 아름답게 살고 싶다면, 가난에 익숙하고 세상살이에 서투르라.

우주 그 자체여야 한다. 그런 것이야말로 신품(神品)이다.

평생 남의 일이나 거들면서 단 한 번도 자기와의 일체감을 느끼지 못하고 살다가 죽는 사람들이 허다하다는 것을 떠올리면, 내가 계획하고 있는 그 작품 하나만을 남겨놓고 죽는다고 하더라도 내 삶은 그리 억울한 것이 아니다.

화선지 위로 붓이 가볍게 한 번씩 스쳐 지나갈 때마다 새가 날아올랐다. 매화가 피어났다. 산이 일어섰다. 안개가 스러졌다. 바람이 불었다. 숲이 흔들렸다.

6장

멀고도 슬픈 길

확인하라, 날마다 확인하라

인간은 과연 존엄한가. 존엄하고 싶을 뿐인가.

인간이 만물의 영장이라는 말은 아마도 인간의 자만심에 불과할 것이다. 모기를 보라. 얼마나 만물의 영장을 조롱하고 있는가. 만물의 영장이 제 손으로 제 따귀를 갈기는 모습을 보며 귓전에서 깔깔깔 웃는 소리.

인간이 살아 있을 때에는 아무리 위대한 만물의 영장이라고 해도, 그래서 하찮은 것들, 그것들을 지져 먹고 날로 먹을 수가 있다고 해도 그것들은 그것들대로 언제든지 인간을 먹을 수가 있을 때가 오는 것이다. 풀도 벌레도 인간을 먹을 수 있을 때가 오는 것이다.

확인하라. 날마다 확인하라. 이 텅 빈 네 주위를. 하지만 외로움을 두려워하지 말라. 외로움은 껴안으면 껴안을수록 더욱 외로운 것이다. 그러나 더욱 있는 힘을 다해 껴안으라.

마침내 헐벗은 네가 보일 때, 이 냉혹한 기후의 황무지에서 홀로 살아온 네 알몸이 보일 때, 비로소 네 그림은 더욱 빛날 것이다.

그대가 진실로 아름답게 살고 싶다면, 가난에 익숙하고 세상살이에 서투르라.

가난한 자의 꿈

가난한 자에게 있어서 꿈이란 얼마나 머나먼 나라의 신기루였던가. 나는 차츰 절박한 상황으로 밀어붙여지고 있었다. 나의 눈앞에 막다른 골목이 가로막고 있었다. 생존경쟁이라는 이름의 벽이었다.

가난하다는 것은 비록 죄가 되지는 않는다고 하더라도 죄스러움을 자주 느끼도록 만든다.

어느 무신론자 하나가 목사님에게 당신은 하느님을 보았느냐고 따져 물은 적이 있었다. 그때 그 목사님은 하느님을 보여주겠노라고 하면서 어둡고 찌든 빈민가로 그 사람을 데리고 갔다.

'보시오. 저들이 다 하느님의 모습이오.'

목사님은 가난한 사람들의 모습을 가리키면서 말했다.

얼마나 명쾌한 가르침인가!

천사 또한 그와 마찬가지다. 우리가 마음의 눈이 트이면 그 어디에서든 하느님의 모습을 발견할 수 있듯이 천사들의 모습 또한 그 어디에서고 발견할 수가 있을 것이다.

그대의 마음가짐에 따라 스스로가 천사를 그대 가슴 안에 간직할 수도 있고 그대 자신 또한 천사가 될 수도 있을 것이다. 아무리 하찮아 보이는 사람이라고 하더라도 하찮게 보지 말라. 그가 바로 하느님의 명령을 받들고 사람의 세상에 내려온 사자, 곧 천사인 줄 누가 알랴. 우리의 일상 속에서 몇백 번이고 천사를 만났으면서도 우리가 마음의 눈이 멀고 귀가 멀어 그를 알아보지 못했는지 누가 알랴.

요즘은 세상사 모든 일이 다 심상치가 않거니, 저 높은 곳에서 필시 하느님이 내려다보시고 계시다가 그대가 마음으로 뿌린 씨앗은 그대 마음의 양식이 되게 하시리라.

굶주림이란 인간을 짐승과 연결하는 가장 설득력이 있

는 유혹이다.

밥을 먹어야 살 수 있다는 것은, 내가 하느님을 미워하게 된 이유 중의 하나로 들어간다. 무릇 음식이란 먹어도 살고 안 먹어도 살 수 있는 것이어야 한다.

먹으면 즐겁고 안 먹으면 그래도 그만인 세상, 얼마나 좋을까? 인생이란 정말 더럽고 치사한 것들만의 연속이라는 생각이 들면서 나는 갑자기 풍덩 물속으로 뛰어들어 버리고 싶은 충동을 느낀다. 모든 것이 타의에 의해서 만들어지고 있으면서도, 그 타의라는 것 또한 타의에 의한 것이어서 거슬러 올라가면 인간의 발생부터가 더럽고 치사한 것에 뿌리를 내리고 있는 듯한 기분이 든다.

창자란 길들이기 마련이라고 했다. 많이 먹는다고 반드시 몸이 건강하게 되는 것은 아니다. 십장생에 들어가는 거북이나 두루미도 아주 조금 밖에는 먹지 않는다. 창자를 비워본 적이 없는 사람은 마음을 비우기도 그만큼이나 어렵다.

굶어 죽는 것도 좋다. 창자가 깨끗한 상태로 죽는다는 건 얼마나 인간적인가?

가난한 사람은

 포장마차는 어디인지 모르게 따뜻한 정감을 느끼도록 만들어주는 것 중의 하나이다. 늦은 밤 문득 출출해서 그리로 발길을 옮기면 불빛에 어른거리는 몇 사람의 선량한 그림자. 사는 일이 어디 뜻대로만 되는 것이냐고 더러는 서로를 위로하는 말소리가 도란도란 들리고. 때로는 누가 실연이라도 했는가. 잊어버려, 잊어버려, 사랑도 잊어버려, 미움도 잊어버려, 잊어버리지 못하는 모든 것들을 잊어버려, 취한 목소리로 술잔을 권하는 소리. 안으로 들어서면 청명한 카바이트 불빛 한 송이. 연탄불은 벌겋게 달아 있고 어묵 국물을 데우는 양은솥에서는 허연 김이 풍성하게 피어오르고 있는데, 지금 이 시간 요정에서 여자의 허벅지를 주무르며 개기름 흐르는 얼굴로 양주를 마시고 있는 사람들이여, 이러한 낭만을 아느냐. 문득 가난이 눈물겹고 정답다는 생각을 하곤 한다.

가장 가난한 사람은 돈이 없는 사람이 아니라 꿈이 없는 사람이다.

사는 것이 수행(修行)이다

 어떻게 살아야 하는가는 중요하다. 왜 살아야 하는가도 중요하다. 그리고 그런 것들의 중요성은 가난 속에서 비로소 선명하게 발견되는 것이다.

 인간은 행복해지기 위해서 살아가는 동물이다. 싸우고 지지고 볶는 행위들이 모두 행복해지기 위해서 행하는 일들이다. 굶주림이 곧 행복이 될 수는 없다. 그것은 오직 고통일 뿐이다. 가난이라는 이름의 수행병보다는 부귀영화라는 이름의 수행병이 훨씬 인간을 행복하게 만들어준다는 사실을 부인할 사람은 아무도 없다. 만약 그런 사람이 있다면, 그 사람은 아직 무엇이 행복인지를 모르고 있는 것이 분명하다.

가난은 절대로 미덕이 될 수 없다. 예나 지금이나 황금보다 아름다운 미덕은 없는 것이다. 부자가 천국에 들어가기가 낙타가 바늘구멍을 빠져나가는 일만큼이나 힘들다고 말하지만, 나는 굶주린 천국보다 배부른 지옥이 훨씬 낫다는 사실을 뼈저리게 배웠다.

선술집 같은 곳에서 옆 사람이 건네는 잔을 사양한다는 것은 예의가 아니다. 우리는 모두 유랑민. 목마른 마음으로 잠시 동안 여기 들러 한 잔의 술을 마시면서 뼈를 달랜다. 곧 우리는 떠나야 하고, 그러나 우리는 가슴들이 따뜻하다.
우리는 모두 유랑민이다.

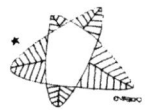

먼지가 되어

 죽으면 정말 무슨 이름을 얻어서 태어나볼까…….
 문득 먼지가 좋겠다는 생각을 해보았다. 혼자 사는 남자의 가난한 방. 길고 지루한 겨울이 끝났을 때 그의 외로운 책상 위에는 한 권의 시집이 놓여 있고 그는 무슨 일로 밤마다 잠 못 들고 뒤채였을까, 방바닥에는 수많은 파지들이 널려 있다.

 거기 보이는 한 줄의 고백. 주여! 내가 바람의 마음을 알게 하소서. 그러나 이제는 그 번민의 밤마다 함께 잠 못 들던 바람은 가고, 눈썹 언저리에 묻어오는 잘디잔 햇빛의

미립자들, 그 속에 나는 단 하나의 보이지 않는 먼지가 되어 바람의 마음을 전해주리라…….

편지를 쓰고 싶다

 도무지 잠이 오지 않았다. 옆집에서 들리던 라디오 소리도 오래 전부터 끊어져버리고, 한밤중, 사방은 쥐 죽은 듯이 고요한데, 이따금 벽 속을 내달아가는 한 무리의 바람 소리, 커튼을 걷어내고 도시를 내다보면 도시는 폐선처럼 문을 닫고 정박해 있고, 거기 뜬눈으로 밤을 새운 도시의 불빛이 몇 개, 바람이 불면 젖은 눈시울로 깜박거리곤 했다.
 나는 깊은 겨울밤 도시의 풍경을 오래도록 바라보면서 누구에게든 편지를 쓰고 싶다는 생각을 했다.

 호주머니 속에는 당신의 남루한 방으로 돌아갈 시내버

스 요금 밖에 없고, 그리하여 다실의 흐린 조명등 밑에서 당신이 좋아하는 베토벤의 침울한 육성을 들으며 쉴 수조차 없었던 날. 정답던 친구 몇 명은 저희들끼리 바다로 떠나고, 더구나 잠시 사귀던 애인마저도 출타하고 없을 때 당신이 만나게 되는 것은 오직 명료한 고독뿐.

그 시간에 집으로 돌아가보더라도 당신 홀로 기거하는 방 안 가득 더욱 감당할 수 없는 고독이 자욱한 빗소리로 누적되어 있을 터. 그래서 당신은 차라리 거리에 머물러 좀더 비를 맞을 작정을 하게 되리라. 점차로 당신의 어깨는 젖어들고 통속한 유행가조차도 눈물겹게 들리면, 문득 당신은 회상하게 되리라. 당신이 모르는 사이, 당신의 머릿속에서 지워지고 말았던 이름들을……

그렇다. 진실로 우리가 망각한 것은 아무것도 없다. 이 세상을 살아오는 동안 잠시 우리는 많은 것들을 가슴속 저 알 수 없는 깊이에 방치하고 있었을 뿐이다. 그러다가 이렇게 홀로 쓰라림을 맛보는 시간에 새삼스럽게 찾아내어서 꺼내보게 될 뿐이다.

아, 나는 얼마나 오랜 나날을 외로운 실종 속에서 비를 맞으며 살아왔던가. 극도의 외로움은 과연 인간의 마음까지도 눈멀게 한다.

생명의 진리가 반짝이고 있다

 나는 나 자신이 차츰 지렁이처럼 퇴화하고 있다는 생각을 했다. 지렁이는 눈도 없고 코도 없고 귀도 없다. 뇌 따위는 있을 턱이 없다. 몸의 표면에 다만 빛의 강약을 구분할 수 있는 세포가 조금 남아 있을 뿐이다. 남을 공격할 수 있는 능력도 없다. 무기력하게 습기 찬 땅 속에서 그저 꿈틀거릴 뿐이다.

 그러나 지렁이는 나처럼 먹이 때문에 자존심을 버릴 필요는 없다. 나는 오히려 지렁이보다 한결 더 불리한 상황에 처해 있는 것이다. 차라리 사고력이 없다면 그래도 마음만은 편할 것 같았다.

쓰레기통 속에도 아름다움은 넘쳐나고 화장실 속에도 존엄한 생명의 진리가 반짝이고 있다.

쓰레기 매립장에는 지옥과 천국, 절망과 환희, 종말과 시작, 고통과 안락, 방황과 정착, 질병과 쾌유, 고문과 위안, 유배와 귀환, 죽음과 탄생, 꿈과 현실이 모두 공존하고 있다.

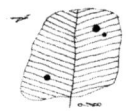

나는 다시 살아나고 싶었다

 어떻게 해서든지 일생에 단 한 번은 인간이 오직 먹고살기 위해서만이 살아 있는 것이 아니라는 사실을 나도 반드시 보여주고 싶어진다.
 지금까지 내가 살아온 길은 나 자신에 대한 빚이면서 또한 타인들에 대한 빚이었다.

 나는 이미 가슴이 너무나 많이 녹슬어 있었다. 회사에다 모가지를 묶어놓고 굽실거리고 쫓기고 밟히는 동안 내 가슴에 배어든 그 타성의 녹물. 나는 어느 사이에 기계가 되어 있었다.

하지만 나는 다시 살아나고 싶었다. 나는 내 가슴에 배어든 그 녹물을 닦아내고 싶었다.

슬픈 날, 술 푼 날

한평생을 가난 속에서 시만 믿고 살던 친구가 처자식 버려둔 채 저만 혼자 저 세상으로 가버렸다는 비보에 접했을 때, 문득 떠오르는 그의 시 한 줄이 늦가을 햇빛처럼 시리고 투명하게 느껴질 때, 문득 부끄럽다. 나는 무슨 미련이 남아 아직도 이 세상에 살아남아 있느냐. 썩어가는 물, 썩어가는 하늘, 썩어가는 내 가슴을 들여다보면서 비탄의 술 한잔을 마시고 싶어진다.

오르막이 있으면 내리막도 있는 법이고 자갈길이 있으면 포장도로도 있는 법이다.

천 리나 먼 곳에서 옛 벗이 찾아왔을 때, 내 집을 드나들던 후배들이 등단했다는 소리를 들었을 때, 괜찮다 싶은 글 하나가 씌어졌을 때, 타인과의 오해가 풀어졌을 때, 가난하던 이웃이 푼푼이 모아두었던 돈으로 집 한 채를 장만했을 때, 배고픈 국내 복서가 세계 챔피언이 되었을 때, 좋은 작품을 읽었거나 좋은 연극 영화를 보았을 때, 심장병으로 고생하던 어린 아이가 독지가의 도움으로 수술에 성공했을 때, 원고료를 받았을 때, 내 일이건 남의 일이건 공연히 기분이 좋아져서 돈만 있으면 있는 대로 남들에게 술을 사주고 싶어지는 것이다. 특히 멀리서 독자들이 찾아오거나 정다운 편지라도 보내오면 절대로 답장을 쓰지 않으면서도 하루 종일 마음이 밝아지기 마련이다.

하지만 기분 좋은 날 술을 마셔도 우는 버릇은 어쩔 수가 없다. 기분이 좋은 날은 기분이 좋다는 사실이 또한 눈물겹기 때문이다. 대장부답지는 못하지만 고쳐지지 않는 것을 어떻게 하랴. 피도 눈물도 없는 듯이 살아가는 사람들이 점차로 늘어나는 이 시대에 나는 그래도 눈물 하나만이라도 풍부하지 않느냐고 자위하면서 사는 수밖에.

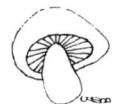

돈은 선하다

도대체 돈이 인간에게 무엇을 잘못했단 말인가. 유사 이래로 돈이 인간에게 잘못을 자행한 경우는 한 번도 없다. 단지 돈을 잘못 사용하는 인간들 때문에 억울한 누명을 쓰고 있을 뿐이다. 어떤 경우에는 돈이 원수로 취급되기까지 한다.

그러나 돈을 원수로 취급하는 사람에게는 돈이 가까이 올 리가 없다. 돈을 불러들이는 기운을 만들어내려면 돈을 좋아하는 방법이 가장 좋다. 하지만 우리는 돈을 좋아하기 이전에 돈을 이해하지 않으면 안 된다.

알고 있는가 세상에서 제일 서러운 게 배고픔이라는 사실을.

굶주림이 인간을 얼마나 치사하게 만드는가를 나는 처음으로 뼈저리게 절감하고 있었다. 먹을 것은 사방에 널려 있었지만, 돈이 없으면 굶어죽더라도 내 입 속으로는 들어올 수가 없었다. 이 세상의 모든 동물이 먹지 않으면 죽어 버린다는 사실을 떠올리면서 나는 공포심에 사로잡히고 있었다.

지난 새벽 선잠결에 벽 속으로 떼 지어 질주해 가는 바람 소리를 들었다. 새벽 열차가 설렘의 세월 저편으로 멀어져가는 소리를 들었다. 유년의 꿈들이 매몰되는 소리를 들었다.

나는 새우처럼 몸을 웅크리고 있었다. 바람 소리가 점차로 높아져가고 있었다. 이따금 창문이 밭은기침 소리를 뱉어내고 있었다. 텅 빈 내 늑골 속으로 절망의 새떼들이 푸득푸득 날아가고 있었다. 나는 하늘을 향해 끊임없이 구조 신호를 보내고 있었다.

인간은 사랑받을 때 가장 행복하다

우리가 유념해야 할 것은 아름다움이 반드시 겉으로 드러나 있지만은 않다는 것이다. 다시 말하자면 내면적인 아름다움도 있고 외면적인 아름다움도 있다는 것이다. 그러나 흔히 인간은 대체로 모든 아름다움을 부분만 바라보게 된다. 다시 한 번 소크라테스의 말을 빌리면, 인간은 사랑받을 때 가장 행복하다. 그리고 또한 그 행복을 영원히 간직하고 싶은 욕망을 가지게 된다. 그러나 인간의 그러한 욕망은 쉽게 충족되어지지 않는다.

왜냐하면 인간은 부분적인 아름다움만을 바라보기 때문이다. 인간이 부분적인 아름다움만을 바라보게 될 때, 사랑과 행복을 영원히 간직하고 싶어하는 욕망은 결코 충족되어지지 않는다. 증오하는 마음이나 시기하는 마음이나 질투하는 마음은 완전한 사랑을 갈구하는 것에서 비롯되어지는 감정이다.

 사랑은 주는 것도 아니고 받는 것도 아니다. 사랑은 다만 간직하고 있는 것이다. 그것은 온 우주에도 가득 차 있고 우리의 마음 안에도 가득 차 있다.

7장

보내는 자의 노래

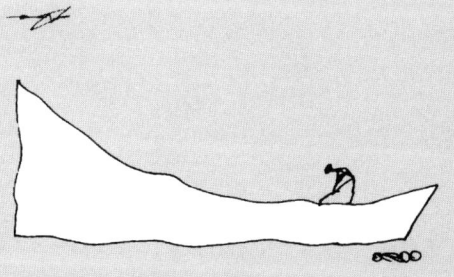

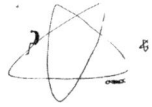

소망과 욕망 사이

무소유의 나라가 있었으면 좋겠다는 생각을 했다. 나도 그런 나라에서 살았으면 좋겠다는 생각이 들었다. 사시사철 햇볕이 따뜻하고 눈부시며 꽃과 과일들이 풍성한 나라. 법도 없고 규칙도 없는 나라. 신도 없고 악마도 없는 나라. 아름다운 나라. 사람들의 마음속에는 오직 사랑뿐. 넘치는 춤과 노래의 나라 영원한 나라. 그러나 싫증이 안 나는 나라. 절대로 지랄 같은 것들은 있을 수 없는 나라.

지구에는 그런 나라가 그 어디에도 없으리라. 문득 공상에서 돌아오니까 현실은 여전히 감옥 같을 뿐 아무리 출구를 찾아보아도 사방은 견고한 절망의 벽으로만 둘러싸여 있다.

이스라엘의 요단강 가까이에 큰 호수가 두 개 있다. 하나는 사해(死海)요, 다른 하나는 히브리어로 살아 있는 바다〔生海〕라고 불리는 호수이다. '죽은 바다'에는 다른 곳에서 물이 들어오기는 하지만 아무 데도 흘러 나가지는 않는다. '산 바다'에는 물이 들어오기도 하고 나가기도 한다.

자선을 베풀지 않는 자는 '죽은 바다'와 같다. 돈이 들어오기만 하고 나가지를 않는다. 자선을 베푸는 자는 '산 바다'와 같다. 물이 들어오기도 하고 또한 나가기도 한다. 우리는 살아 있는 바다가 되지 않으면 안 된다.

욕망에 아름다움을 더하면 소망이 되고 소망에 아름다움을 빼면 욕망이 된다.

사람이 살아가는 목적은 자신이 우주와 합일된 아름다움을 획득하고 그것을 관조함에 있는 것이다. 그러나 때때로 어리석은 인간들은 현실에 너무 집착한 나머지 소망과 욕망을 서로 혼동하면서 살아가고 있다.

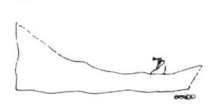

우리는 언제 어디서 무엇이 되어 다시 만나랴

저 세간의 눈먼 자들은 행복이 마음 바깥에 있는 것으로 착각하면서 살아가고 있지만 행복이란 결코 마음 바깥에 있는 것이 아니다. 행복이 마음 바깥에 있다고 생각하는 자들은 행복하면서도 행복한 줄 모르고 있기 때문에 불행한 것이다.

행복이란 세상만사를 모두 아름답게 보는 마음에서 비롯된다.

우리는 언제 어디서 무엇이 되어 다시 만나랴. 그것은 우리의 마음에 달려 있다. 다른 사람을 욕하고 싶을 때에는 그가 당신의 모습을 비추고 있는 거울이라고 생각하라.

아름다운 마음을 가진 자는 아름다운 것들과 결합하고 추악한 마음을 가진 자는 추악한 것들과 결합하게 되며 사랑의 마음을 가진 자는 사랑스러운 것들과 결합하고 미움의 마음을 가지는 자는 온통 미움뿐인 것들과 결합하게 되는 것이다.

마음의 눈이 뜨이지 않는 자에게는 언제나 큰 것 안에 작은 것이 들어 있지만, 마음의 눈을 뜨고 가만히 들여다보라. 반드시 작은 것 속에는 큰 것이 들어 있는 것이다.

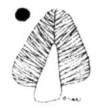

진정 행복하다는 것은 무엇인가

고대 인도의 왕에 대한 설화는 후세 사람들에게 청빈의 미덕에 대해 가르치고 있다.

먼 옛날 아주 고통스러운 병으로 인해 고생하던 왕이 있었다. 왕의 점성술사는 병을 고치는 방법이 항상 만족하고 행복한 생활을 하는 사람의 셔츠를 밤낮으로 입는 길 밖에 없다고 아뢰었다. 그래서 왕은 자신이 다스리는 영토 곳곳에 사신들을 보냈다. 사신들은 그런 사람의 셔츠를 갖고 오라는 명령을 받고 있었다.

여러 달이 지난 후에 모든 영토를 샅샅이 뒤졌던 사신들이 다시 왕의 궁전으로 돌아왔다. 하지만 셔츠를 갖고 있는 사신은 아무도 없었다.

"항상 행복하게 살아가는 사람을 찾았는가?"

왕이 물었다.

"네, 한 사람을 찾았습니다."

사신들이 대답했다.

"그렇다면 왜 그의 셔츠를 가지고 오지 않았는가?"

왕이 물었다. 그러자 사신들이 대답했다.

"그는 셔츠를 입지 않고 살고 있었습니다."

진정 행복하다는 것은 무엇인가. 이 설화는 행복의 비밀이 청빈에 깃들어 있다는 사실을 알려주고 있다. 어떤 사람은 일곱 수레의 보화를 소유하고 있더라도 별로 만족하지 않지만, 어떤 사람은 은사시나무가 만드는 그늘 한 점으로도 행복하다.

불만이나 만족의 느낌은 우리를 에워싸고 있는 조건이나 환경 때문에 일어나는 것이 아니다. 그것은 바로 자신의 마음 상태에 따라 결정된다.

이 세상 전체를 다 뒤져보더라도, 알고 보면 영원한 내 것이란 단 한 가지도 없다.

바늘귀에 실을 꿰는 일

만약 당신이 보다 빨리 무엇을 성취하고 싶으면, 우선 보다 빨리 무엇을 성취하고 싶다는 바로 그 욕심부터 버리도록 해라. 아무리 마음이 명경지수처럼 맑다고 해도 일단 한 번 욕심을 일으키기 시작하면 바람을 만난 수면처럼 출렁거리는 물결이 일어나기 마련이다.

지금 잔잔한 바다 위에 떠 있는 돛단배의 난간에 서 있는 당신은 바늘귀에다 실을 꿰는 일 정도는 그리 어렵지 않게 할 수 있을 것이다. 그러나 조금만 풍랑이 일어도 당신은 몸을 제대로 지탱하기조차 힘들어서 바늘귀에 실을 꿰는 일은 고사하고 바늘허리에 실을 매는 일마저도 용이하지 않을 것이다.

  명상을 통해서 마음을 비우고 기도를 통해서 참회를 하며 선행을 통해서 기쁨을 누리고 사랑을 통해서 만물과 합일하려고 노력하라.

가난한 날의 사랑

밖에는 비가 내리고, 아 나는 끝끝내 떠나지 못하리라. 뼈아픈 사랑도 버리고 뼈아픈 시도 버리고, 모든 것을 다 버렸는데, 그래도 밖에는 비가 내리고, 아 나는 끝끝내 떠나지 못하리라…….

소멸은 아름답다. 이 세상 만물이 아무것도 썩지 않으면 그 무엇이 거름이 되어 창조의 숲을 키우랴.
가난한 날의 사랑, 그대 희디흰 갈비뼈로 서까래를 삼아 오늘도 하느님 마을에 지어지는 집 한 채.

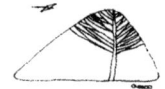

빈손

 알렉산더 대왕은 임종 무렵에 무덤으로 운반될 때, 관례대로 수의 속에 그의 손을 넣지 말고 관 밖으로 내놓도록 해서 모든 사람들이 그것을 보고 손이 비어 있다는 것을 알리도록 하라는 유언을 남겼다.
 알렉산더 대왕은 한 제국의 제왕으로 태어났으며, 또한 다른 제국의 정복자였다. 그 생전에 동서양에 걸쳐서 존재하는 온갖 종류의 보물은 다 갖고 있었지만, 정작 그는 죽어갈 때에 작고 아주 검소한 보물조차도 소유하지 못했다. 가장 가난한 거지나 알렉산더 대왕이나 결국에는 다 같이 빈손으로 가는 것이다.

물고기가 물 표면에 너무 집착하다 보면 새의 먹이가 되기 십상이고, 물 가운데 너무 집착하다 보면 수면 위에 떨어진 벌레를 놓치기 십상이며, 땅바닥에 너무 집착하다 보면 흙 밖에는 먹을 것이 없게 된다. 마찬가지로 인간은 육체와 정신과 영혼의 결합인데, 이 모든 것들을 다스리는 기관이 곧 마음이다.

　그 어느 것 하나에만 너무 집착하는 것은 올바른 일이 아니다. 육체에 너무 집착하면 정신과 영혼이 굶주리고, 정신에 너무 집착하면 육체와 영혼이 굶주리며, 영혼에 너무 집착하면 육체와 정신이 굶주리게 된다. 특히 인간은 너무 현실 세계에만 집착하는 경향이 있어, 하늘의 뜻을 잊고 사는 일이 허다하다. 육체와 정신과 영혼, 모두를 쇠하게 만드는 일이 아닐 수 없다.

　당신은 지금 진흙 덩어리를 진주 덩어리로 착각하고 있다. 그것은 당신이 아직 마음의 눈이 트이지 않았기 때문이다. 알고보면 눈에 보이는 모든 것은 보잘것없고 쓰잘데없는 것.

　우선 마음을 비우라. 먼지가 가득 낀 창문을 통해서는 아무것도 내다볼 수가 없다. 마음을 비워놓고 들여다보면 모든 것이 제 모습대로 보인다.

용비봉무(龍飛鳳舞)

아무런 탐욕이 없는 마음의 상태를 유지하려고 애쓴다면 필시 스스로 용이 되어 하늘에 오르고 스스로 봉이 되어 열락의 춤에 도취되는 경지에 이를 것이나, 만약 마음이 탐욕으로 가득 차 있다면 스스로가 용이라고 자처하더라도 진흙탕의 미꾸라지 신세를 면치 못할 것이며 스스로가 봉이라고 자처하더라도 하수구의 굴뚝새 신세를 면치 못할 것이다.

만약 그대 눈에 미운 것이 보이면, 그대 스스로 그 속에 들어가보도록 하라. 참으로 미운 것은 하나도 없다.

소중한 것들을 한 가지씩 방생하다 보면 마침내는 천하를 방생하는 법도 배우게 된다. 천하를 방생하는 법을 배우게 되면 저절로 천하를 가지는 법도 배우게 되는 것이다.

 우리가 제일 먼저 방생해야 하는 것은 물욕에 매인 자기 자신이다.

 자신을 위해 벌어들인 돈에는 욕망의 기운이 실려 있고 남을 위해 벌어들인 돈에는 소망의 기운이 실려 있는 법이다. 욕망의 기운이 실려 있는 돈은 자신의 영화만을 위해서 축적되는 특질을 가지고 있지만, 소망의 기운이 실려 있는 돈은 남을 위해서 베풀어지는 특질을 가지고 있다.

 욕망과 소망은 일견 같은 의미를 가지고 있는 듯이 생각되기 쉽지만 알고 보면 제각기 상반된 토양에서 자라난 나무들로서 그 열매 또한 상반된 성분을 가지고 있다. 욕망이라는 이름의 나무는 탐욕의 토양에서 뿌리를 내리고 자라난 나무였고, 소망이라는 이름의 나무는 미덕의 토양에서 뿌리를 내리고 자라난 나무였다. 한쪽 나무의 열매는 독성이 강하고, 다른 한쪽 나무의 열매는 약성이 강하다.

 탐욕의 토양에서 뿌리를 내리고 자라난 나무에는 악과(惡果)가 열리고, 미덕의 토양에서 뿌리를 내리고 자란 나무에는 선과(善果)가 열린다. 악과는 자신과 타인을 모두 상하게 만들지만, 선과는 자신과 타인을 모두 이롭게 만든다.

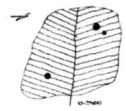

무의미의 정체

무의미의 정체가 어떤 것인가. 무의미란 진실로 의미심장한 것은 아닐지.

중국의 위대한 성인 공자는 이렇게 가르쳤다.
"강과 바다가 수백 개의 산골짜기 물줄기에 복종하는 이유는 그것들이 항상 낮은 곳에 있기 때문이다. 따라서 다른 사람들보다 높은 곳에 있기를 바란다면 그들보다 아래에 위치하고, 그들보다 앞서기를 바란다면 그들 뒤에 위치하라. 이와 같이 하여 사람들의 뒤에 있을지라도 그의 무게를 느끼지 않게 하며, 그들보다 앞에 있을지라도 그들의 마음을 상하게 하지 말 것이라."

녹차를 달이는 법에 대하여

녹차를 처음 달이는 사람은 그 맛을 전혀 종잡을 수가 없다. 간발의 차이에 의해서 맛이 달라지는 까다로움을 가지고 있기 때문이다.

녹차는 봄빛이 언뜻 스쳐간 맛을 내어야 하지만, 그런 맛을 내기란 몹시 어려운 일이다. 조금만 늦어도 생밤 속껍질 우려낸 맛이 나고, 조금만 발라도 아무런 맛도 나지 않는 맹물이 되어버린다. 사람과 녹차가 조화를 이루어야만 비로소 제맛이 나는 것이다.

나를 버리면,
세상은 전부 내 것이 된다

나는 반드시 기도를 드릴 때 눈을 감고 두 손을 모으고 무릎을 꿇어야만 하느님이 알아들으신다고는 생각하지 않는다. 경건한 마음을 가지고 마음속으로 진실되게 간구하기만 하면 된다고 생각한다. 하느님께서는 형식적인 것은 별로 좋아하지 않으실 테니까……. 그리고 굳이 기도를 길게 할 필요도 느끼지 않는다. 대부분의 사람들은 하느님에게 어떤 부탁을 드릴 경우에 더욱 많은 시간을 잡아먹게 된다. 자기의 부탁을 들어주어야 할 이유를 일일이 고해 바치고 기어이 소원을 성취하겠다는 욕심이 작용하기 때문이다. 하지만 그것은 하느님의 전능하심과 자비로우심을 모르고 있기 때문이다.

 나는 나 자신의 힘으로 어떻게 해서든지 이루어보려고 노력해 보지 않는 것에 대해서는 절대로 하느님에게 기도해서 이루어달라고 부탁드리지 않는다. 만약 어떻게 해서든지 이루어보려고 노력해 본 다음에 도저히 가망이 없어서 기도를 드릴 경우에 하느님은 길게 사설을 늘어놓지 않아도 대번에 아실 것이다. 중요한 것은 진실 그 자체이니까……. 하지만 진실된 마음을 가지고 간절히 기도해도 이루어지지 않는 것은 하느님의 생각으로 나의 바람이 이루어지더라도 나에게 이익됨이 없다고 판단하셨기 때문이다. 그런데 억지로 떼를 쓰는 것은 오히려 하느님에게 근심을 안겨드리는 결과를 초래할 것이다.

 비워라. 비움은 곧 채움이다.
 버림의 지혜를 익혀라. 새는 둥지를 버려야 하늘로 날아오를 수 있다. 꽃은 스스로를 버려야 열매를 얻을 수 있다. 강물은 스스로를 버려야 바다에 닿을 수 있다. 나를 버리면, 세상은 전부 내 것이 된다.
 구름이 무한히 자유로운 것은 자신을 무한한 허공에다 내버렸기 때문이다. 오직 버릴 줄 아는 자만이 진정한 자유를 누릴 수 있는 것을…….

오늘도 날은 저물고 막막하여라. 이 영혼 편히 쉴 자리 하나 찾지 못한 채 이 저녁에는 살아온 일들이 가슴 저미고 눈물겹다.

무엇이든지 소유하고 있으면 그것밖에 가지고 있지 않은 가난뱅이로 전락하고 말지만, 아무것도 소유하고 있지 않으면 온 천하를 모두 가지고 있는 부자로 승격된다. 그것은 오직 거렁뱅이만이 느낄 수 있는 행복이다.

편지

 편지, 점차 사라지고 있는 아름다운 대화의 한 모습.
 사람과 사람이 직접 대면해서 나누게 되는 우정보다는 편지와 편지만을 통해서 간접적으로 나누게 되는 우정이 의외로 더욱 돈독하다는 것을 날이 갈수록 짙게 절감하게 되었다. 편지란 누구든지 받으면 반갑고 기쁜 것이다. 게다가 글이란 또 말보다 더욱 신뢰감을 느끼게 하는 것이다.

역지사지(易地思之)에 대하여

다른 사람으로부터 어떤 잘못을 발견하면 그것에 대해 거부감을 느끼거나 비난을 퍼붓기 이전에 나 자신이 먼저 그 입장에 처한 것처럼 생각한 후에 행동하는 것이 좋다. 그리고 그가 전생에 나와는 어떤 인연을 맺고 있었을까에 대해서도 여러 가지 측면에서 생각할 필요가 있다. 그래서 가급적이면 용서하는 마음을 가지도록 노력해야 하는 것이다.

허공 속을 바람같이

 어느 날 갑자기 아파트 계단에서 고혈압으로 쓰러지든가, 심장마비로 내려구르는 것으로 끝장나고 마는 식의 인생. 그것보다는 아무래도 개장사가 조금은 개성이 뚜렷하지 않은가. 게다가 인간적인 냄새까지 풍기는 것이다.
 권력이나 금력이나 명예 따위에 초연할 수 있다는 것은 얼마나 다행스러운 일인가. 그리고 어쩌다가 미친개에라도 물려서 죽는다면 더욱 낭만적이다.

 나는 현존하는 자들로부터 점차 멀어지고 있는 대신에 죽어간 자들의 영혼 쪽으로 그만큼 가까이 다가가려고 노력했다. 바흐가 남겨놓은 무반주첼로 조곡을 따라 하루 종일 허공 속을 바람같이 시간을 자꾸만 거슬러 올라가던 나의 무엇과 만날 수 있을까?

    나는 가슴속에 새장 하나를 간직해 놓고 있었다. 하지만 그 새장은 언제나 허전하게 비어 있었다.

집착은 욕망을 낳는다

태초에 인간은 자연에서 그 육신을 부여받았다. 그리고 자연에서 살아가는 것들을 먹고 그 육신을 성숙시켰던 것이다. 그래서 인간은 죽고 나면 다시 자연에서 살아가는 것들에게 그 육신을 되돌려주어야 한다. 땅에 묻혀서 거름이 되기도 하고 곤충이나 물고기들의 밥이 되기도 한다.

도마뱀을 보아라. 자신의 꼬리를 자르고 목숨을 보전하는 도마뱀을…….

도마뱀은 미물이므로 자신의 꼬리를 잘라 자신의 목숨 밖에는 구하지 못하지만, 그대는 만물의 영장이다. 자신의 팔 하나를 잘라주고 자신의 목숨은 물론 다른 사람의 목숨까지도 보전할 수가 있어야 하는 것이다.

먼저 집착을 버려라. 집착은 욕망을 낳는다.

이 세상에는 별의별 사람들이 각양각색으로 생활하고 있다. 아무리 쓰잘데없는 사람처럼 보인다고 하더라도 반드시 남들과는 다른 보석을 가슴속에 하나쯤 간직하고 있는 법이다.

호랑이는 죽어서 가죽을 남기고 사람은 죽어서 이름을 남긴다지만, 나는 그저 내 삶의 중심부에서 벗겨낸 내 영혼의 가죽 한 폭을 남겨놓을 수 있었으면…….

자연의 마음, 인간의 마음, 하늘의 마음

부질없다. 이승의 모든 일들이여.

그런데 어째서 사람들은 저토록 눈이 멀어서 한 점 먼지도 보지 못한 채, 서로가 서로를 할퀴고 짓밟고 잡아먹기를 좋아하는지…….

부귀와 영화, 권력과 금력, 직함과 명예, 온갖 형이하학적 무늬들로 인생을 거창하게 장식하고 있는 분들을 결코 부러워하지 말라. 그대는 한평생 무엇을 바라고 여기까지 헤엄을 치면서 살아왔는가? 번쩍거리는 비늘과 우아한 지느러미, 겉으로 보기에는 그럴 듯하지만 영혼의 내장 속에 가득 들어차 있는 탐욕 뒤의 똥과 밥 찌꺼기 양심이 썩는 냄새가 역겹기만 하다.

  지금 어디로 시선을 두고 있는가? 가장 크고 값진 것은 그대 자신의 마음 안에 있는 것을…….

  마음이 넉넉하다는 것은 얼마나 중요한가. 나만을 위해서 살지 않고 남을 위해서 산다는 것은 얼마나 중요한가.

  나 혼자만의 기쁨과 행복은 잠시뿐이며 나 하나에 그치고 말지만, 남에게 베풀어주었던 기쁨과 행복은 또 다른 남에게 번져가면서 오래 남는다.

  새장과 새를 그려놓고 빨리 돌리면 새가 새장 속에 들어 있는 것처럼 보인다. 눈으로 보이는 것만이 진실은 아니다. 얼굴의 표정은 눈으로 읽지만, 마음의 표정은 마음으로 읽는다. 마음 안에서 일어나는 일들을 어찌 육안으로만 판단하랴. 눈에 보이는 건 오히려 믿을 수 없는 것이다. 눈에 보이는 것 치고 인간의 마음을 속이지 않는 것이 별로 없다.

  자연의 마음을 알지 못하면 인간의 마음을 알 수가 없고, 인간의 마음을 알지 못하면 하늘의 마음을 알 수가 없다.

마음먹기

　마음이 중요하다. 우리를 구원할 수 있는 것은 돈도 아니고 명예도 아니고 권력도 아니고 여자도 아니다. 우리를 구원할 수 있는 것은 바로 우리 자신의 마음뿐. 신에게 가까이 다가가서 구원의 메시지를 전할 수 있는 길도 마음을 통해서라야만 열린다.

　우선 이 세상에서 지금까지 배웠던 모든 것들을 전부 다 마음속에서 추방하는 것이 중요하다. 그리고 마음을 투명하게 비우는 것이 중요하다. 그 다음에는 그 투명하게 비어 있는 마음속에다 좋은 것들을 다시 채워넣는 것이 중요하다. 물론 처음에는 잘 되지 않을 것이다. 그러나 몇 백

번이라도 다시 연습을 해야 한다. 나중에는 마음을 먹기만 하면 아무리 견고한 벽이라도 무너뜨릴 수가 있다.

무엇이 우리를 눈이 되게 하는가. 무엇이 우리를 사랑으로 충만하게 하는가. 무엇이 우리가 되고자 하는 것을 모두 되도록 만드는가.

그것은 신이 아니라 오직 자기 자신이라는 사실을 알도록 하자. 그리고 모든 밑바탕이 마음 안에 있다는 사실도 알도록 하자.

언어는 마음의 거울이다. 마음이 각박하면 자연히 되고 거센 발음을 자주 내뱉게 되는 것이다.

현대의 사람들은 청자나 백자를 기술적인 측면에서만 개발하고 있기 때문에 원래의 깊고 그윽한 맛이 살아날 수가 없다. 옛날 사람들처럼 마음을 깨끗하게 비우고 비어 있는 마음속에다 소망의 씨앗을 틔워서 그것을 꽃피우고 그 꽃의 향기를 도자기 속에 이입시키는 방법 따위를 모르고 있기 때문이다.

우리 선조들이 물질문명을 발달시키는 일에 주력하지

않았던 이유는 물질문명이 인간의 삶을 행복하게 만들어 주지 않는다는 사실을 미리 알았기 때문이다.

  이제 더 이상 썩은 쥐를 앞에 놓고 서로 발톱을 곤두세우는 올빼미가 되지 말라.

만물을 사랑하는
그 마음만 키워다오

만약 당신에게 날카로운 이빨이나 발톱이나 또는 독침 따위가 있다면 스스로 그것을 없애버리고 더러는 자진해서 남들에게 천대받는 존재도 되어봄직한 일이다.

그러나 무엇보다도 지금 당장 당신이 서둘러야 할 것은 오래도록 세상으로부터 최면당해 있는 당신의 의식을 스스로 맑게 일깨우고 무엇이든지 닥치는 대로 아무런 계산도 없이 사랑할 준비부터 하는 것이다.

덧없이 흘러가는 세월이여.
꿈이여.

깨달음이 없어도 좋으리니.
우리에게 만물을 사랑하는 그 마음만 키워다오.

역시 세상을 모질게 사는 것이 아니다. 우주가 둥글 듯이 인간도 둥글게 살아야 한다.

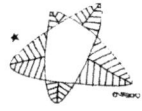

행복과 탐욕과 불행의 근원

먹을 가는 일은 하나의 도락이다. 먹을 갈면 아무런 잡념도 일지 않는다. 마음이 한없이 고요하게 되는 것이다. 때로는 자신이 먹을 갈고 있다는 사실조차도 의식되지 않았다. 온 우주 안에 은은한 묵향(墨香)만 가득 번지고 있었다. 하루라도 먹을 갈지 않고 잠자리에 든 날은 어쩐지 잠이 잘 오지 않았다. 비로소 고요함의 참된 의미를 조금씩 깨달아가고 있었다.

행복이란 관상이나 손금 속에 있는 것이 아니라 마음 안에 있는 것이다. 행복은 자신의 마음 안에 깃들어 있다.

허영과 욕심에 눈이 어두워진 사람들이 사기꾼들에게 잘 당하는 법이다. 허영과 욕심에 눈만 멀지 않았다면 걱정할 것이 무엇인가.

불행의 근원은 그칠 줄 모르는 탐욕이다. 저 세속의 소인배들은 버리려고 이 세상에 찾아와서는 끝도 없이 끌어 모으면서 이 세상을 살고 있다. 그대는 어떤가. 아무것에도 집착하지 않고 있다고 자신있게 말할 수 있는가.

죽음이란 모든 것을 돌려주는 일이다. 하늘에서 얻은 영혼은 하늘로 돌려주고, 땅에서 얻은 육신은 땅으로 돌려주어야 하는 것이다.

아무리 재산이 많은 부자라고 하더라도 눈 깜짝할 사이에 모든 것을 잃어버린 거지 신세가 될 수 있다. 몇 세기에 걸쳐서 세계를 지배하던 강대국들도 망할 때는 순식간인데, 반세기도 미치지 못하는 개인의 영화야 두말할 필요가 있겠는가.

물고기에 대한 인간의 탐욕이 낚싯바늘을 발명하도록

만들었다. 한때는 물고기의 뼈로 낚싯바늘을 만들어 물고기를 잡았던 적도 있었다.

세상을 썩게 만드는 주범은 바로 우리 마음속의 탐욕이라는 사실을 그대는 아는가.

도대체 인간은 왜 살아가고 있는 것일까 그 명제의 해답을 푸는 열쇠는 무엇일까. 그 명제는 어떤 열쇠도 다 들어가는 구멍을 가진 자물쇠였지만, 어떤 열쇠를 끼워도 열리지 않는 특성을 가지고 있었다. 그러나 적어도 한 가지는 분명하다. 그것은 인간은 재산을 모으기 위해서 살아간다는 대답으로는 절대로 그 자물쇠를 풀지 못한다는 사실이다.

낚시의 대상은 비단 물고기만이 아니다. 우주 안에 이름 붙여진 모든 것들을 낚을 수 있다. 허공도 낚을 수 있고, 먼지도 낚을 수 있다. 세월도 낚을 수 있고 바람도 낚을 수 있다. 달빛도 낚을 수 있고, 소망도 낚을 수 있다. 낚시로 낚을 수 없는 것은 아무것도 없다.

8장

욕망의 청동거울

얼마나 가련한 존재들인가

세상은 왜 날이 갈수록 삭막해지기만 하는 것일까.

같은 사과 한 알을 놓고도 저마다 생각이 다를 수가 있다. 어떤 사람은 농부의 피땀을 생각하고 어떤 사람은 자연의 신비를 생각하고 어떤 사람은 아름다운 시 한 줄을 생각한다.

그러나 가슴이 메마른 사람들은 사과를 보는 순간 침이 나 흘리는 것이 고작일 뿐이다. 그들의 가슴속에 낭만의 강바닥이 메말라버렸기 때문이다. 그들은 낭만이 결코 밥을 먹여주지는 않는다고 입버릇처럼 말하는 부류들이다. 낭만이 사라지고 나면 동물에 가까워진다는 사실을 그들은 전혀 의식하지 못한 채로 살아가고 있다. 얼마나 가련한 존재들인가.

오늘날의 인간은 중생대의 공룡과 흡사한 위상을 가지고 있다. 빙하기가 도래하면서 대부분의 생물들이 일제히 자연의 법칙에 따라 개체적인 탐욕과 성장을 억제시키는 구조로 자신들을 변환시키는 일에 주력했지만, 공룡은 먹이사슬의 가장 꼭대기에 위치해 있으면서도 개체적인 탐욕과 성장을 억제시킬 수 없는 구조로 자신을 방치해 두었던 것이다. 그렇기 때문에 다른 생명체들은 오늘날까지 그 종을 존속시킬 수가 있었지만, 공룡은 멸종의 위기를 모면할 수가 없게 되고 말았다.

그 무렵에는 잠자리도 1미터가 넘는 크기를 가지고 있었다. 그러나 잠자리는 탐욕과 성장을 억제시킬 수 있었기 때문에 그토록 작고 앙증스러운 모습으로 오늘날까지 무한히 푸르고 드넓은 하늘을 공유할 수가 있었다. 인간이 만들어낸 탐욕의 찌꺼기가 결국 인간을 멸망의 길로 인도할 것이다.

바라보는 시각에 따라서는, 인간이 세균보다 열등한 존

재들이다. 세균이 인간에 비하면 훨씬 진화된 존재라고 할 수 있다. 바이러스와 같은 세균은 조건이 합당치 않을 때에는 자신을 무생물적인 구조로 변환시켰다가, 다시 조건이 합당케 되면 자신을 생물적인 구조로 변환시키는 능력을 가지고 있다. 바이러스의 세계에서는 인간과 같은 유형의 죽음이 결코 존재하지 않는다.

인간만큼이나 다양한 화학물질을 사용하는 생명체는 지구상에 존재하지 않는다. 그러나 세균은 아주 간단한 화학물질을 사용하면서도 완벽하게 자연과의 조화를 이룰 수가 있지만, 인간은 그토록 다양한 화학물질을 사용하면서도 아직까지 자연과의 조화를 이루지 못하고 있다.

다른 생명체들이 만들어내는 창조물들은 저절로 자연에 흡수되지만, 인간들이 만들어내는 창조물은 좀처럼 자연에 흡수되지 않는다. 다른 생명체들이 만들어내는 창조물들은 자연의 순환을 촉진시켜 주지만, 인간이 만들어내는 창조물은 자연의 순환을 지연시킬 뿐이다.

지구상에서 쓰레기를 만들어내는 생명체는 인간밖에 없다. 쓰레기는 바로 인간이 만들어내는 탐욕의 찌꺼기가 아닌가. 자연과의 조화로운 생명활동을 위해서 만들어진 창조물은 아무리 세월이 지나도 결코 쓰레기로 변하지 않지만, 자신만의 독단적인 생명활동을 위해서 만들어진 창조물은 조금만 세월이 지나도 전부 쓰레기로 변하고 만다.

 꿈이란 대개 현실을 망각한 몽상의 언덕 위에 번성하는 오아시스로서 세월이 지나면 점차로 선명해지는 현실감에 짓눌려 저절로 사멸해 버리는 신기루가 되고 만다.

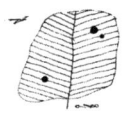

사랑을 상실한 이 시대

 전화기 앞에서 손가락 하나로 애인을 쉽게 불러낼 수 있는 편리한 시대. 그러나 새벽 그리움의 물살로 가득 찬 낱말들이 우리의 가슴속 깊은 곳까지 설레게 하던 연애 편지는 어디론가 사라지고 만 시대. 진실을 모두 흘려버리고 껍질만 남은 시대.

 젊은이들이여, 우리는 이 시대를 방황하자. 흘려버린 우리를 찾아 방황하자. 마치 의무처럼 방황을 하자. 사치가 아니어야 한다. 방황은 고통을 가진 자만의 참다운 자유이어야 한다. 더욱 고통스러워지기 위하여 우리가 껴안으면 껴안을수록 더욱 쓰라린 그 시간의 중심부. 헤어나기 위해서 더욱 깊이 빠져들어가는 어둡고 적막한 희생이어야 한다. 우리는 그동안 얼마나 많은 낱말들을 암장하면서 살았던가.

 차라리 서로 사랑하는 척이라도 하면서 사는 게 나을 것이다. 비록 아무것도 사랑할 건덕지는 없지만, 또한 사랑할 수 있는 마음도 이제는 가지고 있는 사람이 없지만 흉내라도 내지 않고서는 외로워서 더 이상 살아갈 수가 없기 때문이다.
 원래부터 사람은 자기 자신만을 사랑하기 위해서 태어났을 뿐이다. 남을 사랑하는 일조차도 자기 자신을 위해서 행하는 것이 인간이다.
 결국 인간은 완전한 혼자가 되기 위해 살고 있는 것이다.

 그대 가슴 가득히 허전함만 눈물처럼 고여드는 때.
 그러나 귀를 열고 좀더 가까이 이리로 다가오라. 여기 우리가 잃어버린 모든 사랑의 낱말들이 음악으로 출렁대며 흐르고 있다.
 어느 날 문득 우리의 가슴에 닿아오던 절망이며 허무며 한스러움이 다시금 아름다운 소리의 무성함이 되어 돌아오고 있다.

고독하지 않기 위해 우리는 더욱 고독해야 하며, 버림받지 않기 위해 우리는 아직도 더 많이 버림받아야 하는데.

음악이여. 음악이여.

인생이란 풍선껌이다. 씹다 보면 단물이 빠져버리고, 불다 보면 풀썩 꺼져버리는 풍선껌이다.

마음을 쓰는 법을 모르면

 공부란 머리를 써서 하는 것이 아니라 마음을 써서 하는 것이다. 모든 사물을 스승으로 삼으면서 정진해야 한다. 하지만 우리는 교육제도와 교육기관을 통해 소정의 과정을 이수하는 것을 대표적인 공부로 알고 있다. 지식 자체가 곧 깨달음은 아니라는 사실을 너무나 소홀하게 생각하고 있다.

 우리는 스승으로부터 꿀이 달다는 정보를 전달받고 그것이 선명하게 머릿속에 입력되어 있는 상태를 지식으로 알고 있는 것이다.

 스승은 말한다.

"꿀맛이 어떠냐."

우리는 즉시 대답한다.

"단맛입니다."

그러면 꿀맛을 아는 것으로 간주했다. 꿀을 한 번도 먹어본 적이 없는 사람이라도 그렇게 대답할 수만 있으면 꿀맛을 아는 것으로 간주했다. 꿀을 한 번도 먹어본 적이 없는 사람이 단지 꿀맛이 달다고 말할 수 있다는 사실 하나만으로 진정한 꿀맛을 안다고 간주할 수 있을까.

우리는 대부분 진리의 겉껍질을 잠시 매만져보고는 먹고사는 일에 바빠지기 일쑤였다.

하루 종일 우리는 같은 일을 기계처럼 반복하면서 꿀맛 모르는 인생들을 살아가고 있었다. 우리는 시간을 끌고 다니면서 살아가고 있는 것이 아니라 시간에 끌려 다니면서 살아가고 있었다.

인간은 지구상에 생존하는 그 어떤 생명체들보다도 자존심과 자만심이 강한 동물이다. 아무리 하찮은 미물들이라고 하더라도 인간과 동등한 우주적 가치를 가지고 있다는 사실을 대부분 납득하지 못하고 있는 것이다. 인간은 오직 현실에만 집착하고 있었으며, 전체의 영원보다는 부분과 순간에 시야가 한정되어 있었다.

국적불명

과학, 이 시대의 바보들이 만든 인류 최고의 미신이자 지상 최대의 굿거리.

모든 신화가 퇴락하는 시대. 무분별하게 밀어닥친 서양 바람에 안질이 걸려 사람들은 주체성을 상실한 채 모든 미풍양속을 쓰레기통 속에다 내던져버리고 있었다. 공자와 맹자는 서양 불길에 화장되어졌고, 노자와 장자는 서양 물결에 수장되어져 있었다. 황야의 무법자가 임꺽정의 산채에 기관단총을 난사하고 뉴턴이 고등학생들의 머리를 쪼개고 법칙의 사과를 강제로 쑤셔넣고 있었다.

세상은 변해가고 있었다. 국적불명의 기형문화들이 도처에 기생해서 전통문화의 순수성 위에 더러운 구정물을 쏟아 붓고 있었다. 모든 것들이 불분명하게 흐려져 있었다. 위아래도 불분명하게 흐려져 있었고 좌우도 불분명하게 흐려져 있었고 앞뒤도 불분명하게 흐려져 있었다.

낭만에 대하여

낭만이란 반드시 있어야 한다. 낭만이 밥 먹여주냐? 이런 식으로 반박하는 사람이 있다면 나는 더 이상 그에게 할 말이 없다. 밥을 먹기 위해 태어나서 밥을 먹고 살다가 결국 밥을 그만 먹는 것으로 인생을 끝내겠다는 식으로 이야기하는 사람들과 같은 때에 살고 있다는 사실이 나는 비참할 뿐이다. 밥 정도는 돼지도 알고 있다.

그러나 낭만을 아는 돼지를 당신은 본 적이 있는가? 아마도 없을 것이다.

해질 무렵이면 제일 미치겠다. 낭만이다.

이나 벼룩 따위여야 하겠는가

 이나 벼룩 따위를 보라. 그것들은 영원히 날아다닐 수가 없다. 슬금슬금 기어가지 않으면 뛰는 것이 고작이다. 도대체 삶이라는 게 조잡하기 그지없다. 한평생 다른 동물에 기생해서 피를 빨아먹고 산다. 고통과 외로움 따위가 있을 턱이 없다. 적합한 생활환경과 풍부한 음식을 하등의 노력도 기울이지 않고 기생하는 동물로부터 제공받을 수가 있는 것이다. 그러니까 열심히 피나 빨아먹고 열심히 교미나 해대면 그만인 것이다.
 그러나 죽을 때를 보라. 사는 게 조잡했던 것만큼 죽을 때도 조잡하다. 대개 제 명에 못 죽고 사람의 손톱에 눌려

죽거나 살충제에 독살 당한다. 때로는 개의 이빨에 씹혀 죽는 경우까지 있다. 그리고 살아서도 죽어서도 자연이나 인류에게 공헌하는 바가 별로 없다. 조잡스러울 뿐만 아니라 뻔뻔스럽기까지 하다. 그런데 사람들 중에도 그런 부류들이 얼마든지 있다. 어찌 만물의 영장이라고 으스댈 수 있으랴.

난치 혹은 불치

 허영이라는 이름의 이불을 덮고 잠들면 반드시 사치라는 이름의 꿈에 빠지게 되고, 사치라는 이름의 꿈에 빠지게 되면 반드시 위선이라는 배우자를 만나게 된다. 그들 사이에서 태어난 자식들은 대개의 경우 주체성을 상실한 채 유행의 조류에 휩쓸리면서 방황하는 껍질뿐의 인간이 되기 십상이다.

 하지만 그들의 겉모습은 언제나 과장되어 있거나 위장되어 있는 경우가 거의 대부분이다. 이제마 선생과 같은 명의를 열 명이나 동원해도 완치시키기 힘든 난치병일 것이다.

돈이나 명예, 권력으로는 결코 사랑의 싹을 틔울 수 없다. 돈이나 명예나 권력으로는 고작 사랑을 가장한 플라스틱 가화들이나 사들일 수 있을 뿐이다.

무지만큼 무서운 무기도 없지만, 무지만큼 무서운 죄악도 없다. 10년을 살아도 현재 자기가 있는 자리와 앞으로 자기가 돌아갈 자리가 어딘지를 생각하면서 사는 사람이 있는 반면에, 평생을 살아도 겨우 자기 나이밖에는 헤아리지 못하는 사람도 있다.

그리스도가 말했다.
'서로 사랑하라.'
그러나 그가 그 말을 하고 떠난 지 벌써 2,000년이 지났지만, 지금까지도 사랑이 무슨 뜻인지 확실히 알고 있는 사람은 한 명도 없다.

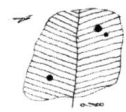

눈물겨워라, 세상이여

과학은 수시로 경이로운 것을 만들어내기는 하지만 보다 소중한 것을 소멸시켜 버리기도 한다. 예를 들자면 전화기의 발명 때문에 차츰 연애편지가 소멸되어가는 것 따위가 그것이다.

그러나 무엇보다도 두려운 것은 과학이 마침내 모든 인류를 궤멸시켜 버릴지도 모른다는 추측이다. 언젠가는 인간의 과학 발달을 최대한으로 억제시키기 위해 허둥지둥 정신을 차리지 못하게 될 날이 반드시 올 것이다. 하지만 양식을 갖추지 못한 어느 정서 불안정한 집권자가 있어 지금부터라도 단추 하나만 잘못 눌러버리면 세계는 끝장이다.

이별, 이 시대의 흔해빠진 유행.

나는 최근의 젊은이들이 왜 그렇게 쉽게 '차버리고 갈아치우고' 하는지 도대체 알 수가 없다. 작별 뒤의 독배처럼 괴로운 시간을 마시며 머리카락을 잡아 뜯지 못하는지 알 수가 없다. 재빨리 체념해 버리는 방법을 배운 탓일까. 그렇지 않으면 너무 쉽게 인생을 살고 싶어하는 탓일까. 그도 저도 아니라면 우리집 식구들 먹다 남은 밥으로 기르던 개만큼의 정조차 없는 탓일까.

더러는 형편을 보면서 재빠른 새치기도 할 수 있어야 하고, 적당한 사기도 칠 줄 알아야 하며, 악착같이 돈을 모으고, 땅을 사고, 빌딩을 짓고, 망할, 그렇게 하기 위해서는 때때로 타인을 잡아먹을 수 있는 힘과 전술도 가지고 있어야 하는 것이다.

겸손 따위는 이제 구시대의 유물이 되었다. 도덕과 양심 같은 건 껍질뿐이다. 법관도 의사도 교육자도 예술가도 성직자도 거지도 거의가 타락하고 말았다. 그런데 대부분이 타락했다고 시인하지는 않는다. 하지만 그것을 시인하지 않는다고 하더라도 이상하게 생각할 사람은 별로 없다. 오히려 이제는 양심적인 사람일수록 바보 취급을 받게 되었다. 그리고 그것을 한탄하는 사람일수록 더더욱 바보 취급을 받게 되었다.

저 문화가 녹슬고 문명이 번쩍거리는 생활의 거리. 지폐가 일어서고 인간이 쓰러지는 풍경의 거리. 플라스틱 인간처럼 표정도 감정도 상실당한 사람들의 거리.

밤낮없이 건설의 불도저가 털털거리고 밤낮없이 건설의 망치소리가 뚝딱거리기는 하지만, 문명이 그만큼 번쩍거리는 대신에 문화는 또 그만큼 죽어가고 있다. 문명은 우리에게 있었던 모든 추억들을 소독한다는 명분으로 오히려 독살시키고 있는 것이다.

이제 도시에서 흙을 찾기가 그래 쉽지만은 않은 것 같다. 사람들은 무슨 이유에서인지 흙을 다른 물질로 싸바르기 시작했고 이제 우리는 흙과는 매우 마음이 동떨어진 상태에서 흙에 대한 친근감을 잃어가고 있다.

눈물겨워라, 세상이여.
자세히 바라보면 세상 사람 모두가 방향감각을 잃어버

리고 미로 상자속을 이리저리 헤매고 있었다. 한 걸음 앞으로 내딛을 때마다 목적지가 어긋나고 있었다. 사람과 사람 사이가 조금씩 멀어지고 있었다.

  대개의 사람들이 메마른 가슴으로 거리에 나와 있었다. 어떤 사람들은 극도로 메말라서 가뭄기의 논바닥처럼 가슴이 쩍쩍 갈라져 있기도 했다. 또한 어떤 사람들은 거기다 철조망까지 쳐놓은 것도 보였다. 아무리 자신의 가슴을 드러내 보이지 않으려고 위장을 해도 내 눈에는 훤히 들여다보였다. 나는 촉촉하게 젖어 있는 사람을 만나고 싶었다. 그런 사람을 만나서 메말라가는 내 가슴도 흠뻑 적셔보고 싶었다.

  사방에 견고한 콘크리트 건물들이 우뚝우뚝 버티고 서 있다. 오늘따라 그 건물들이 거대한 무덤처럼 보였다. 정신과 영혼을 거세당한 인간들이 산송장처럼 잠들어 있는 무덤. 저 속에서 생활하고 있는 인간들과는 이제 그 누구와도 대화가 통하지 않을 것만 같다.

  세상이 늪이고 내가 물고기라면, 내가 살고 있는 늪은 그대로 죽어 있는 늪이었다. 이제 수질은 극도로 악화되어 있으며 심한 악취까지 풍기고 있었다. 벌써 오래전에 모든 담수어들이 죽어서 수면 위로 떠올랐다. 이제 나도 서서히 질식하고 있었다.

무심코 하늘을 한 번 쳐다보았다. 빌딩 사이로 시커먼 하늘이 폐수처럼 괴어 있었고 거기 부패한 달 하나가 불그죽죽한 빛으로 잠겨 있었다. 몇 개의 별들이 안질을 앓으며 흐린 눈빛으로 가물거리고 있는 것도 보였다. 몇 년만 더 지나면 그것들마저도 하늘에서 완전히 자취를 감춰버릴 것만 같았다.
이것이 진보다…….
우리는 진보에 의해 더러워진 물과 공기를 얼마든지 들이마실 수가 있게 되었다. 누구나 괴질에 걸릴 수 있는 자유도 부여받았고 누구나 기형아를 낳을 수 있는 가능성도 부여받았다. 이제는 전쟁이 터진다고 하더라고 화살이나 총검 따위를 염려할 필요도 없게 되었다. 수류탄이나 대포알이 불발되기만 하면 얼마든지 생명을 건질 수가 있게 되었다. 특히 원자 폭탄이라는 것이 생겨나서 단추 하나만 누르면 전 인류가 차별 없이 평등하게 몰살당할 수가 있게 되었다.

흔히 경제 개발에 관련된 포스터 속에 공장 굴뚝에서 검은 연기가 하늘로 힘차게 치솟아오르는 광경을 번영의 상징으로 삼았던 시절이 있었다. 그리고 그것을 바라보면서 행복한 미래를 상상하고 흐뭇한 웃음을 머금었던 사람들도 있었다.

얼마나 우매한 일인가. 한 켤레의 나일론 양말을 신기 위해 한 바가지의 오염된 물과 공기를 마셔야 할 날이 온다는 사실을 모르고 있었던 것이다. 차라리 맨발로 다니더라도 맑은 물 맑은 공기를 마시면서 사는 것이 우리에게는 한결 이롭다.

시가 죽었다. 음악이 죽었다.

마침내 시를 멸종시키려고 드는 세상이 오고 말았다. 이 시대의 모든 사람들은 시적인 사고방식보다는 과학적인 사고방식을 가진 사람을 더욱 필요로 하고 있는 것이다.

비록 이 세계가, 모든 언어를 신용할 수 없을 지경에 이르도록 헛된 유세와 헛된 공약과 헛된 선서로 평화를 위장하고, 마침내 인간이 떠드는 모든 소리들이 이제 사어(死語)에 불과하다는 생각이 들지라도 언어는 언어대로 우리

곁에 남아 있다.

 믿을 수가 없는 세상, 믿을 수가 없는 말들 속에서도 진정으로 우리의 어두운 영혼에 청량한 비가 되어 내리거나 아름다운 햇빛으로 적셔지는 언어가 있다. 나는 살아가는 동안 그것들을 가닥가닥 뽑아내어서 누구든지 감탄할 수 있을 정도의 비단 한 폭을 직조하고 싶었다. 그러나 아직도 사어들의 공동묘지인 이 도시 안에서 나는 한 가닥의 실오라기도 건져내보았던 적이 없었다.

 오늘날 인류를 보라. 정말 인간다운 인간으로 발전하고 성장했다는 생각이 드는가. 혹시 더 비인간적인 인간으로 퇴보하고 몰락해 간다는 생각은 들지 않는가.

 아직도 전쟁이라는 단어는 그대로 남아 있고 아직도 죄악이라는 단어는 그대로 남아 있고 아직도 증오라는 단어는 그대로 남아 있다.

 물이 오염되고 땅이 오염되고 하늘이 오염되고 인간의 가슴까지 오염되어 있다.

 인간은 전쟁의 불안을 막기 위해서 핵폭탄을 만든 대신에 전쟁의 불안에다 핵폭탄에 대한 불안을 결과적으로 하나 더 추가시켜 놓았고 생활의 편리를 도모하기 위해 각종 화학 물질과 교통 장비들을 만들어놓고 육신과 정신이 함께 병들어버리는 바보짓을 저질러놓았다.
 과연 누구의 잘못인가.

 이제 오염되지 않은 것은 아무것도 없었다. 하늘도 오염되고 땅도 오염되고 사람도 오염되어 있었다. 육신도 오염되고 정신도 오염되고 영혼도 오염되어 있었다. 믿음도 오염되고 소망도 오염되고 사랑도 오염되어 있었다. 공자도 예수도 석가모니도 단군 할아버지도 응급실에 드러누워 있었다. 중태였다. 부와 권력이 자비와 사랑보다 더욱 큰 힘을 발휘하는 시대가 도래했다.
 인간의 본질까지도 오염되고 있다. 이기주의자들과 배금주의자들과 한탕주의자들이 사회 전반에 돌림병 환자들처럼 번져 나가고 있었다. 자신의 영달을 위해서라면 부모도 버리고 형제도 버리고 친구도 버릴 수 있는 사람들이 점차로 늘어갔다.

 무절제한 욕망들과 그에 반비례하는 열등감에 샌드위치가 되어 겨우 먹고사는 일에다 발목을 붙잡힌 채 한평생 외부적인 힘에 의해서 자신을 움직이며 살아갈 것이다. 돈을 벌기 위해서 발악적으로 정신과 육체를 혹사시켜 보지만 영원히 만족할 만한 돈을 벌지 못할 것이고 결국은 허망하게도 제도와 문명의 노예로서 뼈 빠지게 일하다가 늙고 병든 채 죽음의 강변에 홀로 쓸쓸히 당도해 있는 자신을 발견하게 될 것이다. 쇠잔한 영혼의 보잘것없는 형태를 그제서야 안타깝게 생각할 것이다.

도대체 진리란 무엇인가. 오늘날의 과학은 믿을 만한 것인가. 우리가 알고 있는 지식 이상의 세계는 없는 것인가.

더 이상 세상에게 무엇을 기대할 수 있다는 것인가. 세상에게 기대할 수 있는 것은 오직 절망감 하나뿐이다.

인간은 이제 모든 것의 천적이 되고 말았다. 심지어는 인간이 인간에게까지 천적이 되어 있는 형편이다.

인간적이라는 말이 많이 사용되고 있다. 인간과 비슷하다는 말이겠는데, 그 말을 뒤집어본다면 그만큼 인간들이 비인간적으로 되었다는 사실을 가리키는 것이다. 이제 인간은 자연에 의해서 죽어가는 것이 아니라 인간에 의해서 죽어가고 있다.

먹이사슬의 최상층은 인간이 차지하고 있다. 하지만 그 때문에 인간이 만물의 영장인 것은 아니다. 인간이 만물의 영장일 수 있는 이유는 인간이 만물을 사랑할 수 있기 때문이다.

환자들은 누구나 절대적인 사랑을 필요로 하고 있다. 그러나 이 사회는 그들을 의사에게 맡겨버리는 것으로 만사해결책을 삼고 있다. 사회도 이미 황폐하게 변해버린 것이다.
인간에서 돈을 더하면 인격체가 되지만, 인간에서 돈을 빼면 산송장이 된다.

인간들은 자신들이 나름대로 굉장한 존재들인 것처럼 생각하는 모양이지만 인간들이란 얼마나 많은 맹점들을 가지고 있는 동물인가. 얼굴에 붙어 있는 두 개의 육안으로는 너무 느리게 움직이는 것도 볼 수가 없고 너무 빠르게 움직이는 것도 볼 수가 없다. 너무 거대한 것도 볼 수가 없고 너무 미세한 것도 볼 수가 없다. 뒤에 있는 물체는 몸을 돌리지 않고서는 전혀 볼 수가 없다. 사실 인간은 부분 장님이 아니면 청맹과니에 불과하다.

오늘날까지 나의 의지에 의해서 만들어진 일들이 과연 몇 가지나 있었던가? 만약 있었다면 지금 그것들은 모두 어디로 가버렸는가?

어느 것 하나 진실한 것도 없었고 영원한 것도 없었다. 누군가 내 인생을 훔쳐가서 나 대신에 살고 있는 듯한 느낌이었다. 지금까지 살아온 모든 일들이 아무런 의미가 없는 것처럼, 금후 살아갈 일들에 대해서도 나는 아무런 의미를 발견할 수가 없었다.

인생이란 도박이라는 말이 있다. 그러나 그건 멋있는 말이기는 하지만 진리는 아니다. 도박에 몰두하고 있을 때만큼이나 뼈 속까지 녹아들 정도로 진지하게 인생을 살아보았던 사람은 이 세상에 아무도 없을 것이기 때문이다.

세상은 종말을 향해 숨 가쁘게 내달아가고 있었다. 진정한 사랑도 소멸되어 있었고, 진정한 용기도 소멸되어 있었다. 진정한 우정도 소멸되어 있었고, 진정한 의리도 소멸되어 있었다. 돌아서면 모두가 적이었다. 정치가는 정치가를 잡아먹고, 사업가는 사업가를 잡아먹었다. 지식인은 지식인을 잡아먹고, 종교인은 종교인을 잡아먹었다. 배반이

현명한 처사로 인식되고, 신의가 우매한 소치로 평가되는 시대가 도래해 있었다.

도처에서 국적불명의 문화 쓰레기들이 홍수처럼 범람하고 있었다. 그 속으로 역사가 매몰되고 있었고, 전통이 매몰되고 있었다. 낭만이 매몰되고 있었고, 추억이 매몰되고 있었다.

악덕은 재물에 가려서 보이지 않고, 미덕은 빈곤에 가려서 보이지 않는다. 이제 세상은 거꾸로 돌아가고 있었다. 사기협잡을 일삼는 모리배들은 호화주택을 차지하고 고급 승용차를 굴리면서 살아가고, 청렴결백을 고수하는 선량들은 전세방 신세를 면치 못한 채 콩나물 버스에 시달리면서 살아가는 세상이었다. 가짜가 우대받고, 진짜가 천대받는 시대였다. 인간의 가치는 점차로 낮아져가는데 돈의 가치만 점차로 높아져가고 있었다.

재물에 눈이 멀면 권력에도 눈이 멀기 마련이다. 권력을 가진 자와 재물을 가진 자는 개미와 진딧물처럼 공생관계를 유지하기 마련이다. 재물을 가진 자들은 더 많은 재물을 모으기 위해서 권력의 비호가 필요하고, 권력을 가진 자들은 더 오랫동안 권력을 유지하기 위해서 재물이 필요하기 때문이다.

 사람들 모두가 나뿐인 놈이 되지 않으려고 노력하면 저절로 나쁜 놈은 생기지 않게 된다. 오직 자기밖에 모르는 인간을 나뿐인 놈이라고 한다. 나뿐인 놈이라는 말이 변해서 나쁜 놈이라는 말이 되었던 것이다.
 우주만물은 어떤 것이든지 혼자서는 존재할 수 없다. 그런데 나뿐이라고 생각하면서 살아가는 놈은 나쁜 놈이 될 수밖에 없는 것이다. 나뿐인 놈은 자기 하나를 존재하도록 만들어주기 위해서 얼마나 많은 존재들이 희생을 감수해야 하는가를 전혀 생각하지 않으면서 살아간다. 따라서 자신을 조금도 희생시키려 들지 않을 뿐만 아니라, 다른 존재에 대한 사랑도 고갈되어 있다. 오직 자신을 위한 욕망만이 비대해져 있는 것이다.

 이 세상 전체는 커다란 낚시터라고 할 수 있으며, 세상 사람들은 모두 낚시꾼이다. 그런데 오늘날의 낚시터는 어떠한가. 오염되지 않은 낚시터가 몇이나 있는가. 정치계라는 낚시터. 경제계라는 낚시터. 문화계라는 낚시터. 종교계라는 낚시터. 예술계라는 낚시터. 교육계라는 낚시터. 학술계라는 낚시터. 체육계라는 낚시터. 도대체 악취를 풍기지 않는 낚시터가 몇이나 된다고 생각하는가.

또한 낚시꾼들은 어떠한가. 권력을 낚고 있는 낚시꾼. 부귀를 낚고 있는 낚시꾼. 명예를 낚고 있는 낚시꾼. 사랑을 낚고 있는 낚시꾼. 진리를 낚고 있는 낚시꾼. 자유를 낚고 있는 낚시꾼. 평화를 낚고 있는 낚시꾼. 모두들 골똘히 낚시질을 하고 있다. 때로는 목숨까지 내던져버리는 낚시꾼도 있다.

그러나 올바른 낚시법을 구사하는 낚시꾼을 몇 명이나 보았는가. 어떤 낚시꾼은 그물질을 하고, 어떤 낚시꾼은 농약을 풀고, 어떤 낚시꾼은 돌 땅을 놓고, 어떤 낚시꾼은 폭약을 터뜨리고, 어떤 낚시꾼은 전기 찜질을 해서 탐욕의 어망을 채우면서도 자신을 진정한 낚시꾼인 양 위장하고 있다.

세상은 이미 부패해질 대로 부패해지고 말았다. 인간은 비정해질 대로 비정해지고 말았다. 세상은 생존을 위한 전쟁터로 전락하고 말았으며, 타인은 모두 적병에 불과하다. 우리를 보호할 수 있는 가장 견고한 방패는 황금이었으며,

적을 쓰러뜨릴 수 있는 가장 강력한 무기 또한 황금이다. 불행은 빈곤의 아들이며, 황금은 행복의 아버지였던 것이다.

세상이 악취를 풍기면서 썩어가고 있었다. 정치도 썩어가고 있었고, 종교도 썩어가고 있었다. 예술도 썩어가고 있었고, 학문도 썩어가고 있었다. 이제 세상은 비틀거리고 있었다. 개인도 비틀거리고 있었고, 단체도 비틀거리고 있었다. 가정도 비틀거리고 있었고, 사회도 비틀거리고 있었다. 날마다 세상은 붕괴되고 있었다. 도덕도 붕괴되고 있었고, 양심도 붕괴되고 있었다. 영혼도 붕괴되어 있었고, 정신도 붕괴되고 있었다. 아무도 책임지려 들지 않았고, 아무도 개선하려 들지 않았다. 오직 세상에는 황금만이 절대적인 종교로 숭배되고 있었다. 전 국민이 신도로 변해가고 있었다. 인간을 보기를 돌같이 하고, 황금을 보기를 신같이 하는 시대가 도래해 있었다.

사람들은 흔히 자기가 하지 못하는 일을 남이 대신해 주기를 바라는 습성이 있다.

길이요, 진리요,
생명인 것은 무엇인가

생명이 있는 모든 것들은 누가 죽여주지 않아도 스스로 죽는 법. 비록 원수라고 해도 내세를 생각하면서 원한을 풀어야 한다. 모든 것은 반드시 죽는다는 사실. 아무리 힘 센 놈도 죽고, 아무리 재빠른 놈도 죽고, 아무리 잘난 놈도 결국은 죽는다.

공평하도다. 죽음이여. 빽도 통하지 않고 돈도 통하지 않으니. 때가 되면 누구든지 다 죽음의 손길을 피할 수 없다.

이 시대의 지성은 어디 있는가. 대학마다 철문이 굳게 닫혀 있었다. 도서관마다 불이 꺼져 있었다. 대학은 죽어 있었다. 거대한 지식의 영안실로 변해 있었다. 비애로운 침묵만이 무겁게 드리워져 있었다. 개인과 개인끼리는 서로 온정이 통하는 법이지만 나라와 나라 사이에는 서로 온정이 통하지 않는 법이다. 아무리 하찮은 물건들을 주고받아도 종국에는 반드시 손익계산이 따르기 마련이다. 대개 강대국들이 약소국들에게 베풀어주는 아니꼬운 온정 속에는 항시 보이지 않는 낚시바늘이 은밀히 감추어져 있다. 입질 한 번 잘못해서 그 바늘에 걸리게 되면 좀처럼 빠져나오기가 힘들다.

인간들은 때때로 눈을 빼면 아무것도 남는 것이 없는 동물이듯이 가시적인 것에 대해서만 마음을 쓰는 수가 있다.

사람들은 항상 근엄한 표정을 짓고 있어서 절로 어이가 없다는 생각이 든다. 그들이 근엄한 표정을 짓는 것은 근엄한 표정보다 더욱 좋은 표정이 인자스러운 표정이라는 사실을 모르기 때문일 것이다.

나는 마치 더듬이가 잘려버린 곤충처럼 방향감각을 잃

어버리고 미로상자 속을 이리저리 헤매고 있었다. 한 걸음 앞으로 내디딜 때마다 목적지가 어긋나고 있었다. 사람과 사람 사이가 조금씩 멀어지고 있었다.

이렇게 사는 것이 아니라고 언제나 입버릇처럼 되뇌이면서도 시간에 쫓기고 일에 쫓기는 인간사.

어디를 눈여겨보더라도 썩지 않은 구석이 없었다. 어디를 눈여겨보더라도 경쟁과 암투가 번뜩거리고 있는 것 같았다. 권력을 쟁취하기 위해서, 명예를 획득하기 위해서, 부를 축적하기 위해서 사람들은 이제 도덕을 포기하고 양심을 포기하고 인격을 포기해 버린 것 같았다.

생존경쟁이란 어차피 살아 남기 위한 전쟁이다. 양심적으로 살아가기 위해 애쓰는 사람일수록 손해를 보기 마련이다.

인간들은 편재불능의 시공 속에서 목적을 알 수 없는 투쟁을 계속하고 있었다. 그들은 아무것도 진심으로 사랑하고 있는 것 같지 않았다. 단지 모든 것들을 소유하고 싶어하는 욕망 하나로만 살아가고 있는 것 같았다. 그들 중의 어떤 종류는 부와 권력을 앞장세워서 소수의 욕망을 마치 전체의 욕망인 양 위장하고 수많은 사람들을 제도와 법률 속에 가두어놓았다. 그리고 한평생을 오직 노예처럼 일만 하다가 죽어가도록 만들어놓았다.

되살아나야 할 것들이 점차 사라져가고 사라져야 할 것들이 점차로 되살아나고 있다. 도덕은 난지도로 캠핑을 보내버리고 양심은 소록도로 요양을 보내버린 사람들이 허다했다.

그들은 단단한 각질 속에 갇혀 있었다.

전쟁이란 인간의 욕망이 가장 폭력적으로 나타나는 것을 의미한다. 욕망에 사로잡힌 자들은 끊임없이 전쟁을 하고 끊임없이 약탈을 하고 끊임없이 증오를 키우면서 살고 있었다. 살인과 방화, 강도와 강간, 권모와 술수, 중상과 모략 등 온갖 수단과 방법들을 동원해서 자기들끼리 서로 몰락하고 있는 것이다. 그것은 분명한 퇴화였다.

전쟁을 일으킨 자들은 언제나 인류 평화라는 말을 전매특허처럼 사용하고 있었다. 그들이 말하는 인류 평화란 쇠똥 밟은 군화 밑창을 핥아야만 획득할 수 있는 것일까. 산 사람을 생체 실험용으로 해부대에 올리고 천진난만한 초등학생까지 정신대로 끌고 가서 능욕해야만 실현되어질 수 있는 것일까. 그렇게 해서 실현되어진 인류 평화란 과연 어떠한 형태를 가진 괴물일까.

 이제 나는 세상이 싫어졌다. 세상이 갈수록 따스해지기를 바라지만 정작 세상은 갈수록 냉랭해지고 있기 때문이다.

 밤이었다. 도시의 어두운 하늘 위로 핏빛 십자가들이 숲을 이루며 무성하게 자라오르고 있었다. 도시는 발광하고 있었다. 건물마다 휘황한 네온들이 어둠을 향해 발악적으로 빛살을 난사하고, 도로마다 수많은 차량이 눈알을 부릅뜬 채 어디론가 떼지어 진군을 계속하고 있었다. 취객들이 뇌를 절제 당한 유인원처럼 허청거리는 걸음걸이로 거리를 방황하고 있었다.

 부자가 천국에 들어가는 일이 낙타가 바늘구멍을 빠져나가는 일보다 힘들다는 말이 있다. 그러나 돈만 있으면 수천 마리의 낙타도 쉽게 빠져나갈 수 있는 크기의 구멍을 가진 바늘을 만들 수도 있다. 배금주의자에 대한 하느님의 편애도 돈만 있으면 방비할 수 있다. 하느님도 돈으로 매수하면 되는 것이다. 하느님을 돈으로 매수할 수 없다면 예수님을 돈으로 매수하고, 예수님을 돈으로 매수할 수 없다면 천사라도 돈으로 매수하면 되는 것이다.

인간들은 대체로 생명이 없는 것들의 헌신적 봉사에 대해서는 조금도 고마움을 느끼지 못하고 있다. 부려먹을 대로 부려먹은 후에 기능이 마비되면 그저 내다버리는 게 고작이다.

현대인들은 누구나 원자병에 걸릴 수 있는 자유를 부여받았고, 누구나 기형아를 낳을 수 있는 가능성도 부여받았다. 그토록 인간이 자랑스럽게 생각하는 과학의 진보에 의해서.

이제는 인간의 진보를 위해서 물질문명이 존재하는 시대가 아니라 물질문명의 진보를 위해서 인간이 존재하는 시대처럼 되어버리고 말았다. 낭만도 사라져버리고 사랑도 사라져버렸다. 희망도 사라져버리고 구원도 사라져버렸다. 대부분의 인간들이 기계화되고 있다. 그리고 가슴을 굳게 닫아버린 채 서로서로 더욱 멀어지고 있다. 진보여, 더욱 진보하라. 노스트라다무스가 예언했다는 지구 최후의 그날까지.

평화는 그 어디에서도 찾아볼 수가 없었다. 몸도 마음도 정신도 영혼도 황폐해져 있었다.
도대체 어느 염병을 앓다가 얼어 죽을 놈들이 전쟁을 평화의 도구라고 말할 수가 있단 말인가.

돈이 없으면 사랑조차 제대로 할 수 없는 세상이 되었다. 이제 세상은 팔다리가 없는 사람보다 돈이 없는 사람이 더 불구자가 되어 있었다. 돈이 없으면 팔다리뿐만이 아니라 입조차도 마음대로 놀릴 수가 없을 정도였다. 돈은 길이요, 진리요, 생명이었다. 돈의 돈에 의한 돈을 위한 생활 속에서 사람들은 저마다 발버둥을 치고 있었다.

하늘이 병들고 강이 죽는 시대. 가짜가 판을 치고 진짜가 밀려나는 시대. 한 페이지의 시집보다는 한 권의 주간지가 사랑받는 시대. 만약 누구든지 마음대로 자기 돈을 만들어 쓰라고 허락한다면 그때는 이미 돈이 필요없을 텐데도 밤새도록 돈을 만드는 사람이 있을 정도로 돈만이 사랑받고 돈만이 기운 센 시대. 사라져라, 영원히 사라져라.

연애 같은 건 아예 생각조차 할 수 없었다. 우선 나 자신이 어떤 모습으로 파괴되고 말 것인지 불안하고, 또한 도저히 사랑받을 자신도 없는 것이다. 사랑할 자신도 없는 것이다.

언덕에 서서 도시를 바라보았다. 불빛들이 흩뿌려져 영롱하게 반짝거리고 있었다. 아름다운 도시. 그러나 언덕배기를 다 내려와 시내로 접어들어 그 불빛들을 가까운 거리에서 바라보았을 때, 전혀 아름답다는 생각은 들지 않았다. 오히려 무섭다는 생각이 들었다.

이리 와라 번쩍! 술 마셔라 번쩍! 그것들은 강렬한 원색으로 번쩍거리고 있었는데 만약 빛을 소리로 바꿀 수만 있다면 그것들은 틀림없이 고막을 찢어놓을 정도의 발악적인 소리가 될 것 같았다. 사방은 치열한 밤의 전쟁터였다.

모든 자동차들이 인간을 깔아뭉개기 위해 밤과 낮을 가리지 않고 분주히 거리를 누비고 있는 듯한 느낌이다.

이제 인간은 인간만으로 결혼할 수가 없게 되었다. 마침내 인간을 대신하여 그 인간의 조건들끼리 결혼하는 시대가 오고야 말았다. 인간은 그저 조건이라는 것들이 서로 결혼할 때, 부속품으로 따라만 가면 되는 것이다.
　빌어먹을.

　번뜩이는 문명이여.
　이제 더 이상 우리의 의식을 난도질하지 말아다오. 우리로 하여금 좀더 인간답게 살아갈 수 있도록 만들어다오.
　우리는 기계가 아니다. 우리는 기계의 종노릇도 더 이상 할 수 없다.

　극장식 스탠드바에서 술을 마신 뒤, 택시를 타고 돌아오는 길에 많은 것들을 생각했다. 특히 스트립쇼를 하던 여자들의 모습이 오랫동안 머릿속을 지배했다. 그녀들도 한때는 이사도라 던컨을 꿈꾸었으리라. 그녀들도 한때는 부끄러움으로 얼굴을 붉힐 줄 알았으리라. 그녀들도 한때는 왕자님 같은 남자로부터 꽃다발을 받기를 원했으리라.
　짐작조차 하지 못했으리라. 술집 밤무대에서 전라의 모습으로 춤을 추게 될 줄은. 가장 부끄러운 부분까지 아무에게나 보여주게 될 줄은. 주정뱅이들의 탐욕 어린 눈길만 받게 될 줄은.

도대체 무엇이 그녀들에게서 이사도라 던컨을 살해하고 부끄러움조차도 앗아버린 뒤, 밤마다 섹스의 화신처럼 전라의 모습으로 꿈틀거리도록 만들었을까. 원흉은 바로 돈일 것이다. 이제 아름다운 여자들이 상품화되고 건강한 남자들이 상품화되었다. 저 여자는 얼마짜리고 저 남자는 얼마짜리라고 가격이 매겨지게 되었다. 배금주의 만세. 황금만능주의 만세.

 대학 노트를 펼친 크기만 한 창문 밖으로 회색 하늘이 낮게 내려앉아 있는 것이 보인다. 아주 자세히 바라보면 빗줄기도 보인다. 창살이 없다면 다소 낭만을 느낄 수도 있을 것 같은데…….
 그러나 창살은 얼음이 아닌 쇠로 만들어져 있어서 절대로 녹아 없어져버리는 법이 없이 언제나 거기 그대로 견고하게 버텨겨져 있다. 창살을 볼 때마다 낭만은커녕 낙망이 먼저 앞서곤 한다.

 나는 말한다.
 "세상이 더럽다."
 하지만 아무리 그런 말을 하더라도 아무런 소용이 없다.

나는 몇십 년 동안이나 세상이 더럽다고 말했지만, 이 세상은 손톱만치도 달라지지 않았다.

인간은 끊임없이 무엇을 발견하고 만들어낸다. 그리고 자기들이 발견하고 만들어낸 것 때문에 고민한다. 플라스틱을 만들어내고 플라스틱 때문에 고민하고 폭탄을 만들어내고 폭탄 때문에 고민하고 심지어 고민까지 만들어내어 그 고민 때문에 고민한다. 그러다가 결국 자기네들이 만들어낸 것들에 의해서 죽어가는 것이다.

칼이 있던 시대는 그래도 생명의 존엄성이 살아 있었던 시대였다. 그러나 대포가 생긴 이후로 생명 따위는 우습게 취급되어지기 시작했다. 칼로 인한 실수는 사람을 다치게 하는 정도이지만 대포나 총에 의한 실수는 사람을 죽게 만든다.

그래도 나는 결코 인간을 미워하지 않을 것이다. 아직도 인간들 중에는 가슴에 사랑이 가득하고 눈시울에 눈물도 가득한 자가 한둘이 아니라는 사실을 알기 때문에.

9장

다시
봄 여름 가을 겨울

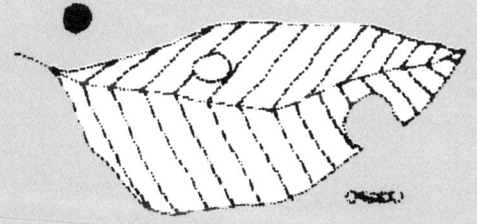

그대여! 나와 헤어진 후 당신도 햇볕 따뜻한 봄이 되면 겨우내 죽어나간 의식의 잔해들을 쓰레기통 속에 다 집어던지고 한 번 정도는 대청소를 해보았던 적이 있으리라.

그대는 그대가 사는 방의 창문을 활짝 열어두었을 것이며, 해맑은 햇빛을 타고 창문 가득히 반짝이면서 쏟아져 들어오는 먼지들을 본 적이 있을 것이다. 그대의 귀가 틔어 있었다면, 먼지가 속삭이는 소리도 들었으리라.

먼지는 억겁의 시간 저쪽에서 이쪽으로 떠내려온 그대 전생의 아주 미세한 미립자들이다. 언제인가 그대는 다시 먼지가 되어서 억겁의 시간과 광대무변의 공간 속을 떠다니게 될 것이다.

 어느 날 현자로부터 전해 들은 바 있어 일러두노니, 부디 마음의 눈을 뜨고 응시하라. 비록 먼지는 작지만 그 속에 억겁의 역사를 담고 있다. 모든 것들이 먼지로부터 태어나서 먼지로 돌아간다. 그것은 곧 미래이며 과거다. 먼지는 또 하나의 우주인 것이다.

 봄은 겨울을 쓰라리게 보낸 자에게 더욱 넉넉한 햇빛과 은혜를 선사한다. 한 마리의 매미가 되기 위해 굼벵이는 무려 4년 남짓을 땅속에서 보낸다. 그 많은 세월 동안 얼마나 많은 고통과 어둠을 홀로 삭여야 했던 것일까. 오늘 당신의 마음 언저리에도 봄은 찾아와 지난 겨울의 상처마다 생금가루 같은 햇빛을 뿌리고 있다. 그러나 잊어서는 안 된다.

 우리가 만난 그 겨울의 쓰라림, 방황, 가난한 잠, 패망 그리고 빌어먹을 놈의 불행들을. 우리가 잊어야 할 것들은 그 겨울에 우리를 버리고 떠난 저 통속한 인간들의 기름진 낱말뿐이다.

 진실로 겨울에 죽어 있던 것은 아무것도 없다. 풀도, 나무도, 뱀도, 벌레도……

그렇다. 그것들은 다만 멈추어 있었을 뿐, 손톱을 앓으며 오래도록 사랑하던 것들을 떠나보낸 뒤, 잠시 시간의 문을 닫고 있을 뿐, 결코 죽은 것이 아니었다. 이제 일제히 되살아나는 이 봄의 무수한 연둣빛 낱말 앞에서 우리는 무엇을 할 것인가.

이제 완전히 겨울은 갔다. 그러나 그 겨울의 모든 쓰라림만은 잊지 말기로 하자. 우리는 앞으로 더욱 많은 쓰라림을 배우기 위해 잠시 한 순간의 봄 속에 머물러 있을 뿐인지도 모른다. 그리고 더욱 큰 봄이 우리를 기다리고 있을지도 모른다.

이 봄에는 잊는 연습을 하자. 그 겨울에 우리 곁에서 떠난 것들을 잊는 연습을 하자. 그리고 사랑해 보기로 하자. 우리가 만났던 그 겨울 동안의 어둠이며 불면이며 고립을 사랑하자. 또한 그런 것들과 함께 고개를 깊이 파묻고 괴로움에 잠겼던 우리 스스로를……

물론 온다. 봄은 어디든지 온다. 그러나 더러 사람들의 가슴에만은 봄이 오지 않는 경우도 있다.

봄비 내리는 밤 한 시. 잠 못 이루고 한 줄의 시를 쓰는 사람과 잠 못 이루고 몇 다발의 돈을 세는 사람을 한 번 비교해 보라.

누구의 손끝이 더욱 아름다운가.

그러나 봄을 기다릴 것. 더 이상 절망하지 말 것. 봄이 올 때까지는 버림받고 살기로, 그리고 나 또한 하나씩 버리면서 살기로, 사랑도 버리고 절망도 버리고 모든 부질없음까지 다 버리고. 나도 저 시리고 맑은 겨울 허공이 될 것.

밖에는 눈이 내리고 이 개떡 같은 외로움.

봄이 오고 있었다. 며칠 동안 들판 가득 봄 햇빛이 꿀물처럼 녹아서 반들거리고 있었다. 얼음이 녹고 있었다. 얼어붙은 강이 풀리고 있었다. 들판 가득 아지랑이가 아른거리고 있었다. 모든 풍경들이 아지랑이 속에 녹아서 젖은 거울 속의 풍경들처럼 흔들리고 있었다. 어디선가 잘 익은 두엄 냄새가 풍겼다. 멀리서 송아지 울음소리가 들렸다.

그러나 아직 양지바른 당산 비탈에도 꽃은 피어 있지 않았다. 밤이면 황사바람이 불었다. 푸득푸득 문풍지도 울었다. 때로는 며칠씩 날씨가 매워졌다가 다시 풀리기도 했다. 몇 번은 소망의 꽃망울을 재촉하듯이 새도록 속삭이는 음성으로 비도 내렸다.

봄에 모든 것이 되살아난다. 저 어둡던 겨울밤마다 새벽잠 속을 울리던 나뭇가지. 그 쓰라린 불면의 나날을 보내고 다시 당신의 새눈 하나가 움트기 시작한다. 겨울에 언어를 잃고 빛을 잃고 시간을 잃고 그 이름마저도 잃어버린 당신의 꽃 한 뿌리. 당신의 서랍 속에는 밤마다 눈이 쌓이고 당신의 수첩 속에는 날마다 꿈 하나가 지워지고 마침내 당신은 헤매이기 시작했다.

먼 새벽 강물 소리로 가슴을 자욱하게 설레며 밤을 새우면서 자신의 순수하고 진실한 가슴을 편지에다 심어넣는 낭만을 이 봄에는 단 한 번만이라도 가져보도록 하자. 우리 모두가 한 줄의 시가 되자. 우리 모두 더 이상 때묻지 말기로 하자. 저 처량한 햇빛과 강물과 공기, 저 따뜻하고 화사한 벚꽃나무와 누님의 구름 곁에서 우리는 오래도록 음악이 되자.

봄이 절정에 달해 있었다. 서면의 야산 비탈들은 대부분이 과수원으로 이루어져 있었다. 비탈 가득 꽃들이 만개해 있었다. 바람이 불 때마다 꽃잎들이 함박눈처럼 흩날리고 있었다.

봄이 끝나가고 있었다. 날씨가 더워지고 있었다. 화단에는 눈부신 꽃들이 만개해 있었다. 이따금 나비들이 날개를 팔랑거리며 담벼락을 넘나들고 있었다. 집 뒤 구름산의 나무들이 짙은 초록빛으로 변해가고 있었다.

그 여름에 나는 술을 배웠고, 그 여름에 나는 포기를 배웠고, 그 여름에 나는 방황을 배웠다.

흔히 사람들은 꽃이 기후가 좋은 상태에서만 아름답게 피어난다는 생각들을 가지고 있다. 하지만 그것은 사실이 아니다.

반드시 꽃도 고통을 견디지 않으면 아름답게 피어날 수가 없다. 겨울의 모든 추위, 여름의 혹독한 더위, 그런 것들에게 시달린 후에야 비로소 꽃은 아름답게 피어나는 것이다.

여름이다. 비가 내리고 있다. 어제는 비가 내리지 않았는데 오늘은 비가 내리고 있다. 어제와 오늘의 차이가 확실

할 때에만 시간이라는 것이 정말로 가고 있기는 가고 있는 모양이라는 생각이 든다. 그 이외의 시간은 모두가 멎어 있는 듯한 느낌뿐이다. 그러나 처음처럼 그렇게 갑갑하지는 않다. 오히려 나는 무한히 자유롭다.

매미들이 극성스럽게 울어대기 시작하면서 태양은 발작을 일으키기 시작했고, 태양이 발작을 일으키기 시작하면서 바람은 어디론가 종적을 감추어버리고 말았다.
몇 달째 비가 내리지 않고 있었다. 초목들이 난사되는 햇살에 전신을 내맡긴 채 무기력한 모습으로 질식해 가고 있었다.

이제 여름은 갔다. 비계 많은 사람들이 산이며 바다로 자가용을 몰아대면서 시인에게 열등감을 심어주었던 여름은 갔다.
죄 없고 마음 청명한 사람들의 가을이 온다. 가을에 우리는 눈물을 참는 법을 배우자. 혹독한 추위 속에서 만나 사랑하는 마음으로 굳게 껴안을 준비를 하자. 봄과 여름은 마음이 녹슨 자들의 것, 가을과 겨울은 외로운 시인들과 착한 사람들의 것이다.

사랑이란 애초에 현실적인 것이 아니라는 사실을 나는 지난여름 그 방황들 속에서 이미 알았고, 지금 내가 이렇게 추위 속을 헤매는 것은, 내 가슴 안에 환상이라도 하나 만들어두어야 하기 때문이라고 나는 혼자 마음속으로 생각하곤 했다.

진실한 자는 아직도 눈물이 남아 있고, 눈물이 남아 있는 자에게는 고통을 굳게 껴안을 순수가 남아 있다.
가을.

가을은 마당을 잘 쓸어놓고 누군가를 기다려보는 계절. 그대 심장에 쓰라린 흔적을 남기고 돌아섰어도 끝끝내 그리운 사람이 있거든 기다려보라. 그 동안의 모든 진실한 말 잘 기억하여 돌아오면 돌려주리라. 미리 준비하라.

가을이 왔다. 사랑만 하다가 죽은 자의 아름다운 피처럼 사루비아 꽃이 우리 집 화단에서 피고 있다. 아침저녁으로는 서늘한 바람이 불어왔고 살갗이 아주 깨끗하게 소독되는 듯한 기분으로 나는 가을의 풍경을 바라볼 수 있다.
문득 그림을 그리고 싶은 충동이 전율처럼 나의 혈관을

파고든다.

 가을은 나에게 있어서 가장 우울한 계절이다. 가을에 모든 것은 텅 비게 된다. 가을에 모든 것은 내 곁에서 죽어간다. 나의 팔레트에는 물감들이 마르고 붓들은 모두 굳어서 방바닥에 뒹굴게 된다.
 그리하여 마침내 나는 맹목의 방황을 시작한다. 방황이라는 말은 듣기에는 유치하고 아무런 윤기도 없는 사어에 불과하다. 그러나 행동으로 옮겼을 때의 쓰라림을 나는 잘 알고 있다.
 다시금 돌아온 가을. 이 방황의 나이를 나는 어떻게 경영해야 좋을지 모르겠다.

 가을이여. 아직 한 번도 남자와 동침한 적이 없는 순결한 여인 같은 가을이여.
 씻어다오. 우리 마음의 때를, 매연을, 우울을, 빚진 자의 근심을······. 그러나 더욱 모질게 기억하도록 해다오. 가난에 찌들리면서 시를 쓰다가 거룩한 행적도 이름도 남기지 못한 채, 외롭게 죽어간 어느 젊은 시인의 시 한 줄을. 부질없는 한 장 달력처럼 펄럭이면서 떨어져나간 그 허망한 생애를.

여행을 떠나고 싶다. 그 짙은 안개의 도시로. 그리고 가서 무엇을 해야 할지 언제쯤 돌아올지 아직 나는 알 수가 없다. 다만 거기 아직도 남아 있을 것 같은 내 어두운 날들의 흔적을 모두 지울 수만 있다면 나는 우울증을 조금은 치료하게 되는 셈이다.

이 가을 귀밑머리를 스쳐가는 한 가닥 바람, 뜨락에 괴는 식은 금색 햇빛, 눈물겹게 흔들리는 코스모스 꽃밭, 들리는 모든 것이, 보이는 모든 것이 전부 그대의 빛나는 시를 위해 하느님이 장만해 준 은혜이기를.

벌써 가을이었다. 은행잎들이 노랗게 물들기 시작했다. 이따금 서늘한 바람이 스치고 지나갔다. 그럴 때마다 은행나무들이 순금빛 해의 비늘들을 눈부시게 털어내고 있었다. 플라타너스 이파리들은 이미 녹물이 들어 오그라든 채로 땅바닥에 나뒹굴고 있었다. 노인들이 기울어지는 시간 속을 걸어와 가을 유배자들처럼 쓸쓸히 공원을 배회하고 있었다.

추수와 타작이 모두 끝나버린 늦가을 해거름녘, 벌판은 텅 비어 있었다. 논바닥 가득 흐린 석양빛만 흥건하게 고여 있었다. 이따금 북쪽 하늘 어딘가로부터 갈까마귀 떼들이 새까맣게 나타나서는 끼야끼야 시끄럽게 우짖어대며 남쪽 하늘 끝으로 한정없이 사라지고 있었다. 만약 날개를 가질 수만 있다면…….

세월이 정박해 있었다. 정박해 있는 세월 속으로 이따금 바람이 스쳐갔다. 은백양나무숲이 흔들리는 모습도 보였다. 이파리들이 새떼처럼 날아와 창문을 어지럽혔다. 때로는 쇠그물에 부딪혀 감전당한 듯 날개를 푸득거리다가 추락하는 놈들도 있었다. 아침저녁으로 날씨가 쌀쌀해지고 있었다. 가을이 저물고 있었다.

뼈에 금이 가는 듯한 고독. 뭐 그런 것뿐임. 정말 여자가 필요함. 진심으로 사랑할 것임. 오늘 마지막 가을비 싸늘하게 내렸음. 갑자기 살갗을 휩싸는 겨울 예감. 혼자 보내는 겨울이 가장 쓰라림.

겨울. 더욱 철저하게 버림받는 계절.
당신도 해마다 겨울이 되면 더욱 철저하게 버림받고 싶다는 생각을 하는가.

겨울은 언제나 예감부터 먼저 들이닥쳤다. 새벽녘 선잠결에 불현듯이 눈을 뜨면 방안은 아직 캄캄하고 사방은 적막 속에 가라앉아 있는데 나지막하게 장지문을 흔들며 지나가는 바람 소리. 근원을 알 수 없는 슬픔 한 가닥이 가슴 밑바닥에 칼자국 같은 상처로 드러나고 싸늘하게 얼굴을 적시며 밀려드는 겨울 예감.

날이 새면 어느 사이에 마을 가득 겨울이 당도해 있었다. 감나무 제일 꼭대기 가지 끝에 까치밥으로 매달려 있던 새빨간 홍시 하나마저도 꼭지가 얼어 땅바닥에 떨어져 버리면 하늘은 비로소 텅 빈 채로 빙판처럼 시리게 눈앞으로 다가왔다.

다시 겨울이 오고 있다. 어떻게 살아야 하나. 참으로 눈물겹다.

이제는 겨울.

눈이 내리면 우선 가슴부터 활짝 열어놓고 볼 일이다. 그리고 그 가슴 가득 순백의 눈을 받아놓고 볼 일이다. 그 다음에는 그 눈 위에다 스스로의 아픔을 고백하고 스스로의 어둠을 고백하고 스스로의 그리움을 고백하고 스스로의 눈물을 고백하고 볼 일이다. 더러는 그것을 종이에다 옮겨도 볼 일이며 옮긴 다음에는 멀리서 또한 가까이서 사랑으로 움트는 어느 그리운 이름들에게도 보내어볼 일이다. 그러나 무엇보다도 우리는 우선 그 순백의 눈처럼 순결하고 아름다운 몸과 마음부터 가지고 볼 일이다.

겨울에는 비발디를 사랑하는 귀를 틔우고 클림트를 사랑하는 눈을 적시고 모든 시를 사랑하는 가슴을 밝힐 일이다. 진실로 인간다운 인간이 되기 위해 우선은 모든 사물과 함께 인간과 인간끼리 마음부터 통해야 하는 것이니, 그 마음이 메마르지 않으려고 노력하고 볼 일이다.

이승은 언제나 쓰라린 겨울이어라. 바람에 베이는 살갗, 홀로 걷는 꿈이어라.

겨울이 되면서부터 밤마다 나는 잠이 오지 않았다.

천장에서는 백청색 형광등의 가느다란 신경이 타 들어가는 소리, 문득 내 몸이 하얗게 표백되고 있는 듯한 느낌이 들곤 했다. 밖에서는 혹한의 바람이 철경철경 양철 지붕을 밟으며 떼지어 몰려다니는 소리, 더러는 허리를 앓으며 새벽 두 시에서 세 시 사이를 가로질러 지나가는 석탄차 바퀴 소리, 이어 잠시 적막하고 또 더러는 창밖을 내다

보면 환상 같은 함박눈이 내리곤 했다.

  홀로 방 안을 서성거리다 보면 어느 사이에 세 시를 알리는 벽시계의 괘종소리 세 번, 이어 더욱 적막하고 그러다가 다시 바람소리, 때로는 영영 날이 새지 않을 것 같기도 했다. 그리고 도시 어딘가에서 깊은 밤 젖은 목청으로 아련하게 밤닭들이 번갈아가면서 울곤 했다. 이 겨울 누가 외로워서 닭을 기르나……. 밤닭들의 울음은 마치 환청 같았다.

  밤마다 나는 편지를 썼다.

  저 어둡던 겨울, 전에 없이 잦은 눈이 내리고……. 나는 그 눈 속에서 굶주림을 견디는 일 하나로만 살아왔었다. 때로는 혹한의 바람이 불고, 밤이면 무시로 나의 살 속을 파고드는 자살을 향한 충동. 눈물겨워라. 아직도 나는 살아 있구나.

  모든 사물들은 마음이라는 것 속에서 탄생한다. 그리고 마음이라는 것 속에서 태어나는 바로 그 순간, 마음이라는 것을 가지게 된다. 구름과 바람과 꽃, 뼈와 먼지와 재 그리고 빈대와 거머리, 십이지장충까지도…….

모든 사물들이 마음이라는 것 속에서 태어났으며, 그것들이 또한 마음을 가지고 있다는 것은 얼마나 아름답고 눈물겨운 일인가.

 겨울은 그 마음이라는 것 속에서 태어난 모든 사물들 중에서 특히 사랑과 미움이 절실했던 사물들이 잠시 그 마음이라는 것 속으로 되돌아가는 계절이다. 그리고 되돌아간 어떤 사물들은 영원히 다시 돌아오지 않기도 한다. 사람들은 흔히 마음에서 태어난 사람들이 그렇게 마음이라는 것 속으로 되돌아가서 영원히 다시 돌아오지 않는 현상을 죽음이라고들 말하고 있다. 죽음이란 우리가 태어난 마음속으로 다시 되돌아가는 것이다.

 눈 오는 날에는 돈 세는 일 따위는 하지 말 것.
 아, 눈이 내린다는 사실은 배고픈 사람을 아무런 까닭도 없이 눈물나게 한다.

 내가 이 겨울에 가지는 모든 센티멘털은 이 겨울이 가면 나를 조금은 나이들게 만들 것이고 가능하면 나는 이 겨울을 마지막으로 환상 따위는 가지지 않을 것이다.
 더러는 슈베르트의 슬픈 목소리로 눈이 내리고 또 더러

는 지붕에서 풀썩풀썩 떨어지는 눈더미 소리. 나는 누구에게든 편지를 쓰고 싶었다. 여기는 춘천. 겨울 속에 갇혀 있음. 엽서라도 한 장 보내주기 바람.

 겨울이다. 유리창 가득 번성하는 성에. 비로소 나는 버림받은 개가 되었다.
 이 겨울에 내가 한 일은 방황 그것 한 가지뿐이었다. 새벽에도 방황하고 한낮에도 방황하고 밤중에도 방황했다. 마치 방황과 자매결연이라도 맺은 것처럼 방황만 했던 것이다.
 이제 곧 날이 새고 나는 다시 방황할 것이다. 그리고 내 방황의 끝 어딘가에서 언제든지 나는 한 줌의 미련도 없이 자살하고 말겠다…….
 마지막 겨울비. 시리고 아픈 겨울비에 가슴을 적시면서 나는 생각했다. 이 비만 견디고 나면 곧 봄이 온다고. 봄이 오면 모든 것들을 다 버리자고.

10장

몽환의 도시

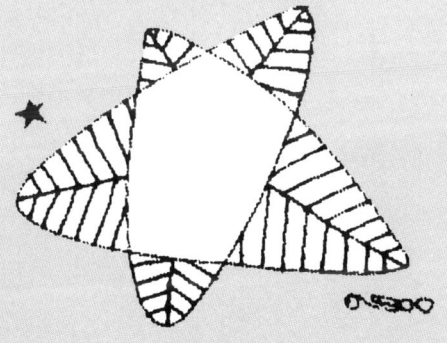

천재에 대하여

 머리를 쓰면서 살아가는 인생보다는 마음을 쓰면서 살아가는 인생이 한결 아름답다. 하지만 오늘날 대부분의 교육기관들은 마음을 쓰면서 살아가는 방식은 가르치지 않고, 머리를 쓰면서 살아가는 방식만 가르치고 있다. 유치원에서도 대학원에서도 마찬가지였다. 마음이 좋은 놈은 바보로 평가되고 있었고, 머리가 좋은 놈은 천재로 평가되고 있는 것이다.

 천재에 대하여, 사람들은 흔히 머리가 비상하면 영락없이 천재라는 단어를 갖다 붙이곤 하지만 머리가 비상하면 단지 신동이나 수재일 뿐 천재라고 할 수는 없을 것 같았다.

모름지기 천재란 시대를 앞서가는 불멸의 작품을 낳기 위해서 한 생애를 불꽃처럼 타오르다 죽어간 니진스키 같은 사람들이 아닐까. 하지만 그 어느 시대이건 간에 그 시대는 그 시대의 천재들을 결코 천재대로 오래오래 살아남아 있도록 그냥 내버려두지는 않는 것 같았다. 반드시 요절을 시켜버려야만 직성이 풀리는 모양이었다.

그러나 아무리 요절을 시키려고 애를 써도 천재는 결코 타의에 의해서 요절 당하지는 않았다. 다만 천재는 스스로 그 시대를 버리고 오직 자기만의 생애 속에서 자기만의 아름다운 목소리를 다스리다가 초연히 떠나갈 뿐이었다. 시대가 천재를 버리는 것이 아니라 천재가 시대를 버리는 것이다.

천재가 요절하게 되는 것은 결코 시대를 잘못 타고났기 때문이 아니다. 단지 그 천재가 그 시대의 너무나 많은 착오들을 알고 있기 때문이다. 따라서 천재는 끊임없이 절망하고 끊임없이 연소한다.

그저 외우고 있는 것이 알고 있는 것은 아니다.

내가 답안지에 써넣었던 지식은 내가 알고 있는 지식이

아니라 교수님들이 알고 있는 지식일 뿐이다. 나는 단지 강의 시간을 통해 그것들을 머릿속에 복사해 두었다가 그대로 답안지에다 옮겨놓았을 뿐이다. 지식이라고 말할 수조차 없다.

어떤 사람의 이름만 알고 얼굴은 모르면서 그 사람을 안다고 말할 수는 없다. 그런데 마치 아는 것처럼 행세하게 된 셈이다.

신이 우리를 위해 마련한 것.
탄생의 순간부터 우리가 울 수 있다는 자유.

마침내 나는 자유를 얻었다. 그러나 나는 외톨이가 되었다. 나는 차츰 삭막한 세상이 싫어지고 삭막한 인간이 싫어지고 그들과 함께 영원히 화해할 수 없는 나 자신이 가련하다는 생각을 하기 시작했다. 어디를 가더라도 삭막한 대화, 녹슨 가슴뿐.

시계를 거꾸로 돌릴 수는 있어도, 시간을 거꾸로 되돌릴 수는 없다.

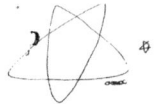

꿈속에서

현실은 모두 꿈이지 싶었다. 어느 날 문득 꿈에서 깨어나면, 우리가 생각했던 현실은 진짜 현실이 아니고 그저 잠시만의 꿈, 진짜 현실은 따로 있을지도 모른다는 생각이 들었다.

아무것도 아닌 잠시만의 꿈속에서 서로 싸우고 죽이고 헐뜯고 빼앗다가 막상 꿈을 깨어 진짜 현실에서 얼굴을 마주 대하게 되면, 그때는 부끄러우리라. 꿈속에서 행했던 그 많은 일들이 얼마나 치기 무쌍했었던가를 알게 되리라.

우리의 진짜 현실은 좀더 아름다운 곳, 사시사철 꽃과 과일들이 풍성하고 춤과 노래가 흐트러져 있는 곳, 일체의 고통과 어둠이 없는 곳, 오직 사랑만이 충만한 곳, 잠시만의 꿈속에서 우리가 만났던 자신들의 삶에 대하여 부끄러워지리라.

인간의 존재

 이 세상 만물들이 모두 보다 아름다운 생명체로의 진화를 꿈꿀 때 욕망에 눈이 멀어버린 자들은 마치 동굴 새우처럼 실명한 눈으로 암흑 속을 더듬거리며 퇴화해 가고 있었다. 동굴 바깥이 있다는 사실도 모르고 있었으며 동굴 바깥에 하늘이 있다는 사실도 모르고 있었다. 하늘에는 태양이 있다는 사실도 모르고 있었으며 땅에는 초목이 가득하다는 사실도 모르고 있었다. 그들은 동굴의 실체가 어떤 모습을 가지고 있는지도 모르고 있었으며 자신의 실체가 어떤 모습을 가지고 있는지도 모르고 있었다.

 그들은 먼지와 우주가 별개의 것인 줄 알고 있었으며 모래와 산이 별개의 것인 줄 알고 있었다. 절망과 창자. 밥과 희망. 구름과 행려병자. 거지와 석가모니. 밀가루와 석탄. 정어리와 달빛. 탱크와 민들레. 태양과 하루살이. 증오와 백합. 예수와 히틀러. 불개미와 느티나무. 바람과 음악. 시간과 저울. 똥과 명예. 먼지와 고요. 위치와 속도. 법칙과 모래. 배반과 후회. 양아치와 장미. 흔들림과 무너짐. 성좌와 성단. 예수와 포도주. 해일과 갈매기. 중성자와 블랙홀. 시인과 수면제. 전쟁과 매독. 가시와 손톱. 섹스와 도박. 검열과 속박. 결핍과 아우성. 예술과 발작. 이 세상에 존재하는 모든 것들이 불가분의 관계들을 맺고 있으며 하나로부터 태어나서 하나로 돌아가기 위한 순환의 고리들이라는 사실을 그들은 대체로 의식하지 않으면서 살고 있었다.

그들은 자만에 빠져 있었다. 스스로 만물의 영장이라고 자처하면서도 스스로를 보다 고매한 생명체로 격상시킬 생각은 전혀 없는 것 같았다. 온갖 욕망의 탑을 높이 쌓아 올리고 그 탑 밑에서 허덕거리며 살고 있었다. 광대무변한 우주공간을 대상으로 할 때 태양계란 한갓 우주먼지에 불과할 뿐 인간의 존재라는 것 또한 얼마나 미세한 존재인가. 태양을 축구공만하게 축소하고 같은 비례로 인간을 축소시켜 보면 과연 어떻게 될까. 거의 사라져버리지 않을까.

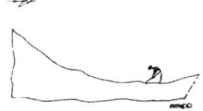

영혼으로 느낄 수 있는 신(神)

나는 모든 인간들이 피고라고 생각했던 적이 있었다. 따라서 세상 전체가 감옥이라고 생각했던 적도 있었다. 그리고 그 생각은 다소 나를 덜 비참하게 만들어주는 것 같은 기분에 젖도록 해주었다.

이 세상 전체가 감옥이라니……. 얼마나 기분 좋은 일인가. 나 혼자 감옥에 갇혀 있는 것이 아니라 전 인류가 감옥에 갇혀 있는 것이다. 이런 생각을 떠올리면, 위안을 받지 않을 수가 없다.

인간만이 이 지구의 주인공은 아니다.

나는 말로 설명되는 신보다는 영혼으로 느낄 수 있는 신을 가지고 싶다.

꿀벌의 침은 절대로 남을 공격하기 위한 무기가 아니다. 꿀벌은 자신이 애써 따 모은 꿀을 도둑들로부터 보호하기 위해서 침을 간직하고 있을 뿐이다.

나를 보호하기 위한 거짓말은 하더라도 남을 해치기 위한 거짓말은 하지 말아야 한다.

내 안의 예수와 유다

레오나르도 다 빈치가 그린 〈최후의 만찬〉은 세계에서 가장 유명한 그림 중의 하나라고 할 수 있다. 그는 예수의 모델을 찾기 위해서 무척 애를 쓰다가 피에트로 반디네리라는 교회의 성가대원을 발견했다. 그러나 피에트로는 그 후 얼마 있지 않아서 음악 공부를 하기 위해 로마로 떠났다.

피에트로는 로마에서 악한 친구와 어울리다가 방탕한 생활에 빠지고 말았다. 그리하여 한때는 그처럼 고상하던 그의 얼굴에 죄의 자취가 드러나게 되었다. 레오나르도 다 빈치는 그동안 〈최후의 만찬〉을 다 그려가고 있었는데, 다만 한 사람만을 그리지 못하고 있었다. 그는 몹시도 흉악하고 타락한 모습의 가롯 유다의 얼굴 모델을 찾아야만 했던 것이다.

 드디어 레오나르도 다 빈치는 자기가 찾고 있던 그 흉악한 얼굴을 만나게 되어서 그림을 완성할 수가 있었다. 그런데 그림을 완성하고 보니, 가롯 유다의 모델은 다름 아닌 예수의 모델이었던 그 피에트로였다.

귀천(貴賤)

우리나라 부모님들은 대체로 자기의 자녀가 공부를 잘하고 머리가 명석하다 싶으면 무조건 법관이나 의사를 만들고 싶어한다는 말을 들은 적이 있다.

사실인지 아닌지는 모르겠지만 만약 사실이라면 한심한 일이 아닐 수 없다. 직업관이 잘못되어 있기 때문이다. 덴마크와 같은 나라에서는 공부 잘하고 머리 좋은 젊은이들이 농사꾼이 되는 경우가 많다고 한다. 당연한 일이라는 생각이 든다.

아직도 직업에 귀천을 나누는 분들께서는 법관이나 의

사가 농사꾼보다 더 고귀한 면이 도대체 어디 있는가를 곰곰이 한 번 생각해 볼 일이다. 죄인을 다스리거나 환자를 다스리는 일이 모든 곡식의 씨앗을 다스리는 일보다도 귀하다고 말하기는 어려우리라.

그렇다고 해서 법관이나 의사가 나쁜 직업이라는 이야기는 결코 아니다. 다만 다른 직업보다 고귀하다고 생각하는 것이 잘못이라는 이야기일 뿐이다. 직업이란 무엇보다도 자기의 적성에 맞아서 그 일에 종사함으로써 보람과 즐거움을 느끼는 것이어야 한다. 고작 입에 풀칠을 하기 위한 수단으로 마지못해 아무 직업이나 선택하고 그럭저럭 시간이나 메워나가는 사람이야말로 스스로 죄인이며 환자이다.

농사꾼을 보라. 농사꾼은 비록 그것이 자기가 먹을 곡식이 아니라고 하더라도 일 년 내내 피와 땀과 온갖 정성을 땅에 바친다. 그런데 겨우 자기 입에 풀칠을 하기 위한 수단으로 마지못해 아무 직업이나 선택하고 그럭저럭 시간을 메워나가는 사람이 있다면 죄인이 아니고 무엇이랴. 의식과 생활이 병든 환자가 아니고 무엇이랴.

그는 남의 의자에 앉아서 남의 시간과 남의 업무를 빼앗고 있다. 스스로 아무런 보람을 느낄 수가 없을 뿐만 아니라 사회적으로도 아무런 보탬이 되지 않는다.

필요에 따라 직업에는 귀천이 없다고 말하는 사람들은 상당히 많다. 그러나 마음속으로 정말 그렇게 생각하고 누구든지 차별하지 않고 대해 주는 사람들은 아주 드물다.

옛날에 아주 지능적인 사기꾼 한 사람이 있었다. 어느 날 그는 사람들을 모아놓고 자기가 내일 아침 틀림없이 자살하고 말 테니까 두고 보라고 진지한 목소리로 말했다. 사람들은 아무도 그 말을 믿지 않았다. 한두 번 속은 게 아니었으니까. 하지만 그는 다음 날 아침 정말로 자살하고 말았다. 그는 남을 속인 것일까? 속이지 않은 것일까?

하느님, 하느님

창조주는 원래 이름이 없다. 있다면 인간이 지어낸 것일 뿐이다. 그런데 인간들은 왜 그토록 많은 성전과 신들이 필요했을까. 어쩌면 그것이 바로 죄의 증거가 아니었을까.

하느님은 단 한 분뿐이라고 언제나 주장하고 있는 기독교가 어째서 저토록 많은 종파를 가지고 있는 것일까. 그것은 그들이 새로운 하느님을 창조해 내었기 때문인지도 모른다.

하지만 하느님은 누가 창조하신 것이 아니라 본디 있으셨던 분이다.

그 어디에나 하느님이 있다. 천하 만물 속에 모두 하느님이 직접 지으신 교회가 한 채씩 간직되어 있는 것이다.

이 세상에 존재하는 유무형의 모든 것들 중에서 진리와 사랑을 깨닫게 하는 것들은 모두 하느님으로부터 비롯되어진 것이다. 중요한 것은 나와 하느님과의 직접적 관계가 어떻게 이루어져 있는가에 달려 있을 뿐 나머지는 군더더기에 불과하다.
종파가 있기 이전에 하느님이 먼저 계셨다.

반드시 교회나 절에 가야만이 하느님의 사랑을 느낄 수 있고 부처님의 얼굴을 볼 수 있는 것은 아니다. 도처에 하느님의 사랑과 부처님의 얼굴이 가득 널려 있기 때문이다.
하지만 그런 것을 느끼려면 마음 밖의 교회나 절을 몇백 채 짓는 일보다 마음 안에 교회나 절을 단 한 채만 견고하게 짓는 편이 훨씬 빠르다. 그리고 너무 종교적 특성에 집착하는 것도 바람직하지 못하다.

단상(斷想)

 고정관념이란 영원히 수정을 요하는 것이다. 따라서 고정관념이란 고정되어 있지 않은 관념이다. 언제인가는 수정되어져 다른 관념으로 바뀌어진다. 그 어떤 이론이며 법칙이며 공식들도 모두 시험용 이론이며 법칙이며 공식들에 불과하다.

 현실은 그 누구도 현실 밖으로 나가 있도록 허락하지 않는다.

 나 자신을 믿으면 그뿐이다. 남이 믿지 않는다고 하더라도 자신이 믿고 있으면 그만인 것이다. 결국 남에게 도움을 받고자 했던 것은 자신에 대한 믿음이 그만큼 부족했었기 때문이다.

휘파람 하나로 움직일 수 있는 말이라면 채찍은 필요없다. 싸움은 주먹으로 하는 것이 아니다. 애정으로 하는 것이다.

형이하학적인 눈으로는 형이하학적인 것 밖에는 볼 수가 없는 법이다.

예수도 석가도 장자도 마호메트도 한 곳에서 왔지만 가는 길은 다르다. 그러나 가는 길은 달라도 닿는 길은 같다. 나는 내 길을 내어 거기에 닿을 것이다.

어쩌면 과학과 종교의 역사는 모든 것은 반드시 죽는다는 사실에 대한 도전의 궤적이 아닐까?

무지는 죄다. 그러나 그 무지를 벌하는 법률은 없다. 그리고 어느 시대이든 간에 그 시대의 현실은 무지하다.

속물

 학구적이고도 엄숙한 대학에서 학구적이고도 엄숙한 공부를 하고 학구적이고도 엄숙한 졸업장을 받으면 학구적이고도 엄숙한 직업을 가지게 되리라.

 학구적이고도 엄숙한 여자와 결혼해서 학구적이고도 엄숙한 성교를 하고 학구적이고도 엄숙한 가정을 꾸미리라.

 학구적이고도 엄숙한 여가도 즐기겠지. 학구적이고도 엄숙한 술을 마시거나 학구적이고도 엄숙한 오입도 하겠지. 학구적이고도 엄숙한 골프를 치거나 학구적이고도 엄숙한 승마도 하겠지.

 학구적이고도 엄숙한 세월이 흐르리라. 학구적이고도

엄숙한 주름살이 생기리라. 학구적이고도 엄숙한 노망기가 생기리라. 학구적이고도 엄숙한 종말도 오리라. 학구적이고도 엄숙한 시체가 되리라.

만약 그가 죽어가는 순간까지 근엄한 표정을 지을 수 있다면, 그는 정말로 근엄한 속물이다.

오답

인간이란 시험이 반드시 필요한 저주받은 동물인가. 인류 최초의 고사장은 바로 에덴동산이었다. 물론 출제자는 하느님이었고, 응시자는 아담과 이브였다. 눈 깜짝할 사이에 시험이라는 괴물은 창세기까지 거슬러 올라가서 에덴동산에 그 모습을 나타내었다. 아담과 이브가 풀어야 할 문제는 '선악과'라는 이름을 가지고 있는 한 알의 나무 열매였다. 그리고 두 사람 다 낙방을 하고 말았다. 물론 그 시대에도 커닝이라는 것이 있어서 아담은 이브의 잘못된 답안을 훔쳐보았다. 결국 아담과 이브는 에덴동산에서 영원히 추방당하는 신세가 되었다. 그런데 이브는 왜 오답을

썼던 것일까. 오답으로 유도하는 함정이었던 뱀의 유혹을 미처 피하지 못했기 때문이다.

 자비와 사랑을 아무리 크게 부르짖는 종교라고 하더라도 현재 그들이 그것을 실천하고 있지 않다면 대체로 사이비에 가깝다고 보아도 무방하다.

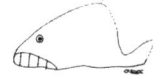

지구상에서 가장 이기적인 동물

 법관들은 대개 비가 내려도 옷과 피부만 젖을 뿐 가슴이 젖지는 않는 듯한 얼굴들을 가지고 있다. 근엄함에 짓눌려서 그만 낭만이 질식사하고 말았기 때문이다.

 쇠고기를 먹을 줄 아는 사람들이 개고기를 먹을 줄 아는 사람들을 비난하는 경우는 흔해도 개고기를 먹는 사람이 쇠고기를 먹는 사람을 비난하는 것은 흔하지 않다. 그러나 서로 공평하게 비난받는 것이 마땅하다. 개들도 이 말에 찬성할 것이고 소들도 이 말에 찬성할 것이다. 그러나 일부의 인간들만이 이 말에 찬성하지 않을 것이다. 인간들은 지구상에서 가장 이기적인 동물이기 때문이다.

고향

때로는 간절히 고향에 돌아가고 싶지만, 고향에 돌아가면 무엇을 하리. 다시 고향에 돌아가면 무엇을 하리.

친구들은 뿔뿔이 흩어지고 낯선 사람들이 모두 차지한 고향.

군대 가기 직전에 한 번 가보니까 고향은 낯설기만 하고 나를 반기는 건 주막의 몇 잔 술.

그러나 이제는 모두 고향을 바꾸어 살고 있거니.

친구들하고 봇도랑 막아놓고 살찐 미꾸라지 잡던 그 들판도, 농약 무더기 푹푹 쏟아져 박토가 되고, 어린 가슴 설레던 일들도 무참히 깨달아져서 소원도 믿음도 하나 없는

데, 빌어먹을, 누군들 고향이 따로 있을까.

고향, 그대가 서 있는 그 자리.

친구, 그대 곁에 서 있는 그 사람.

그대가 눕는 자리가 고향이고 그대가 눈뜨는 자리가 고향인 것을.

이제 다시금 고향을 생각한들 어디에 고향이 있으리. 이제 다시금 친구를 생각한들 어디에 친구가 있으리.

우리가 청명한 목소리로 한 나절을 보내던 그 빈 터에도 불도저의 강인한 이빨이 박히고, 박힌 뒤에 뒤집혀진 흙더미 위로 생경한 콘크리트 건물이 들어서고 해질녘 그 밑에 우리는 그늘이 될 뿐. 다시 모여 앉은 바람이 될 뿐.

정말로 우리가 사는 그늘이 모두 고향이고 우리가 만나는 바람이 모두 친구인 것을. 어디에 적이 있고 어디에 칼이 있으리. 아무데서나 우리는 끌어안고 아무하고나 우리는 울면 되는데.

서울은 문명의 도시. 그대로 남아 있는 것보다는 사라져버리는 것이 한결 더 많아서 추억이 더욱 소중하게 여겨진다.

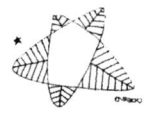

우리는 눈이 되어 내리리라

 버스는 적당히 붐비고 있었다. 손잡이에 매달려 주위를 둘러보았다. 사람들은 모두 다 깊은 침묵 속에 빠져 있었다. 마치 뇌가 텅 비어 있는 듯한 얼굴을 하고 있었다. 나는 갑자기 어떤 낭패감에 사로잡혔다. 그들은 나와는 전혀 다른 세계에 살고 있는 사람들 같아 보였으며 시간과 공간도 아주 생경하게 느껴졌던 것이다.

 나는 오래전에 죽어버린 사람들의 혼령과 함께 어디론가 실려가고 있는 듯한 착각 속에 빠져들면서 차창 밖을 유심히 살펴보기 시작했다. 다행스럽게도 풍경들은 낯이 익었다.

명절이 가까워져 오는 어느 날 밤, 사람들은 저마다 고향으로 돌아갈 준비를 하고 있는데, 서울 변두리의 어느 무허가 하숙집, 나이 어린 소녀 하나가 하루 종일 신문을 팔다가 돌아와서 찾아갈 고향도 없이 새우잠을 자고 있을 때, 또는 한 달 전에 죽은 애인을 생각하며 음악 감상실에 들어와 아무런 말도 없이 슈베르트를 신청하는 어느 사내. 그러나 신청곡은 나오지 않고 자꾸만 애인의 얼굴만 떠오르는데 문득 자살하고 싶다는 생각이 떠오를 때, 우리는 눈이 되어 내리리라.

눈이 되어 내려서 시와 고향과 음악으로 닿으리라. 척추를 앓는 이의 척수 속에도 내리고 뇌를 앓는 이의 뇌 속에도 내리고 심장을 앓는 이의 심장 속에도 내리리라. 내려서 그 순간부터 척추가 낫고 그 순간부터 뇌가 낫고 그 순간부터 심장이 낫게 하리라.

우리가 일찍이 사랑했던 것들의 머리 위에도 내리고 우리가 어쩔 수 없이 미워했던 것들의 머리 위에도 내리리라. 거지의 누더기 위에도 내리고 배금주의자의 고급 외투 위에도 내리리라. 남을 모함하는 자의 가슴 안에도 내리고 용서하는 자의 가슴 안에도 내리리라.

그러하면 온 세상이 모두 희리니, 그때부터 모든 어둠과 더러움도 사라지리라.

지금 이 도시는 눈이 내리고, 그래서 한없이 평화로운 안식처로만 보인다. 그렇지만 몇 시간만 더 있어보라.

잠시 후가 되면 이 도시의 모든 것이 일제히 술렁거리며 눈을 뜨고 사람들은 저마다 생존의 톱니들을 무섭게 갈아대면서 외치고, 헐떡거리고, 쫓기고, 윽박지르고, 속고, 속이고, 부수고, 만들고, 차 던지고, 긁어모으면서 자정까지 영악스럽게 발버둥을 칠 것이다.

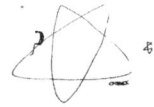

신(神)은……

교회는 나에게 있어서 타향 같은 곳이었다. 필요 이상으로 얼굴에 희망이라는 것을 번들번들하게 칠해 가지고 사는 사람들의 집이었다.

교회의 교인들은 신에게 가까이 다가가기 위해 인간으로부터 너무 멀리 떨어지고 있는 것 같았다.

나는 처음부터 신 같은 것은 없다고 생각했었다. 만약 있다고 하더라도 믿고 싶지는 않았었다. 태어났다는 죄 하나로 신은 나에게 너무 가혹한 형벌을 주었다는 생각 때문이었다. 그토록 불공평한 신에게 어떻게 찬송을 하고 구원을 받겠는가.

걸핏하면 벌이나 내리시는 부처님이라면 누가 믿으랴. 차라리 군대 시절 선임하사를 믿는 편이 나을 것이다.

되지 못한 모양새로 신앙심이 굳어진 사람들은 남이 믿는 종교는 무조건 미신이고 자신이 믿는 종교만이 정교라고 주장하기 십상이다.

사치와 허영을 정신적 지주로 삼고 소비와 향락을 일용할 양식으로 탐닉하면서 살아가는 부류들. 사치를 인격도야에 필요한 선택 과목으로 채택하고, 허영을 정신 수양에 필요한 필수 과목으로 채택해서 인생을 살아가는 사람들.

화살표는……

날마다 맑고 푸른 동해에 깨끗이 씻은 얼굴로 떠올라서, 탁하고 흐린 서울 하늘을 거쳐 썩고 병든 인천 앞 바다에 수장되는 우리나라의 해.

희망이 어디 예금통장에 적혀 있는 잔금 액수 같은 성질의 것이냐. 시장바닥 저울판 위에 올려놓고 10원어치다, 100원어치다, 따질 수 있는 멸치대가리 같은 성질의 것이냐.

올바른 치료사는 환자의 보상에 기쁨을 두는 것이 아니라 환자의 완치에 기쁨을 둔다.

어디로 갈까. 막막했다. 자동차가 가야 할 방향을 지시하는 화살표는 길목마다 그려져 있었지만, 내가 가야 할 방향을 지시하는 화살표는 어디에도 그려져 있지 않았다.

어둠을 갉아먹는 소리

밤이 깊었지만, 나는 도저히 눈을 감을 수가 없었다. 눈을 감게 되면 잠을 자게 되고, 잠을 자게 되면 일체의 상황이 바뀌어 버릴 것 같은 두려움 때문이었다. 잠에서 깨어났을 때 모든 것이 꿈이었다는 사실을 알게 되면 얼마나 허망할까.

나는 좀처럼 잠이 오지 않았다. 방안에는 짙은 어둠이 누적되어 있었다. 책상 위에 놓여 있는 사발시계가 야광충 같은 눈을 빛내며 째깍째깍 어둠을 갉아먹고 있었다.

결심

술. 세상에서 제일 좋은 진통제.
하지만 인간을 가장 빨리 천치로 만들어버리는 백해무익의 마약이기도 하다.

하루만 술을 마시지 않아도 목구멍에 가시가 돋는다고 생각하는 술꾼이 있었다. 어느 날 그가 존경하는 은사로부터 책 한 권을 선물로 받았다. 그는 밤을 새워 그 책을 모두 읽었다. 그 책에는 술이 인체에 얼마나 해로운 극약인가가 상세히 기술되어 있었다. 그는 깊은 충격을 받지 않을 수가 없었다.

마침내 그는 단단히 결심하게 되었다. 앞으로는 절대로 책을 읽지 않겠노라고.

정의는 반드시 승리하고야 만다……。

나는 지금까지 살아오는 동안 그 말 한마디를 수없이 가슴속으로 부르짖곤 했다. 어느 누구보다도 약자였기 때문에 오직 그 말 한마디로만 모든 불의와 싸우고 있었던 것이다. 아니다. 싸우고 있었다는 표현은 적절하지 못하다. 그 말 한마디로 자신의 억울함을 달래고 있었을 뿐이다.

그러나 언제인가는 정의가 승리를 한다고 하더라도 그 이전에 받은 고통과 수모는 무엇으로 보상될 수 있단 말인가.

물고기

낚시질은 오락이 아니라 도락이다. 오락은 경거망동을 해도 상관이 없지만, 도락은 경거망동을 하면 격조가 떨어지고 만다.

의암호에 나가면 언제나 신선한 물비린내가 폐부로 스며들었다. 모든 풍경들이 수면 위에 거꾸로 잠겨 있었다. 이따금 바람이 불면 풍경들은 조각조각 흔들리며 사방으로 흩어졌다.

상처가 너무 깊은 물고기는 아무리 좋은 미끼를 던져주

어도 입질을 하지 않는 법이다.

대부분의 물고기가 알에서 깨어나자마자 부모 곁을 떠나서 살아가야 한다는 사실을 알고 나서, 나는 나이를 열 살이나 더 먹은 듯한 기분에 사로잡혀 있었다.

전에는 촛불이 흔들리면 내가 흔들렸다. 지금은 내가 흔들리면 촛불이 흔들렸다.
일체유심조(一切唯心造).
우주만물을 낚을 수 있는 낚싯대를 나는 태어나기 전부터 마음속에 간직하고 있었음을 이제야 확연히 깨달을 수 있게 되었다.

수문(水門)

상류층의 재물은 수문이 고장나버린 저수지의 물과 같아서 좀처럼 하류층으로 방류되지 않는 특성을 가지고 있다. 논바닥이 마르고 벼들이 타죽어 아우성을 쳐도 수문은 열리지 않는다. 그러나 상류층에 고인 채로 순환되지 않는 물은 하류층의 생명계에만 치명적인 영향을 미치지는 않는다. 시간이 지날수록 악취를 풍기는 폐수로 변하고, 종국에는 거기에서도 아무런 생명체가 살아남을 수 없는 결과를 초래하고야 만다.

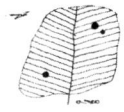

하늘

 차창 밖은 아무것도 보이지 않았다. 하늘도 보이지 않았고, 땅도 보이지 않았다. 길도 보이지 않았고, 가로수도 보이지 않았다. 모든 사물이 실종되어 있었다. 오직 짙은 안개만이 포화상태를 이루고 있었다. 처음 보는 농무(濃霧)였다. 세상 전체가 마법에 걸려 있는 것 같았다. 버스는 안개의 군단에 피랍되어 서행으로 어디론가 끌려가고 있었다. 나는 마치 사차원의 세계로 빨려 들어가는 듯한 착각 속에 사로잡히고 있었다.

 시간이 기화되고 있었다. 공간도 기화되고 있었다.

 신선들이 구름을 타고 하늘을 날아다니지 않는 이유는

꼴사나운 비행기가 생기고 나서 하늘이 천박해져 버렸기 때문이다.

 어른들은 아이들에게 자신들이 소유하고 있는 기술과 지식을 어떻게 해서든지 전수하지 않으면 세상이 당장에라도 멸망의 구렁텅이로 함몰해 버린다고 생각하는 모양이었다.

물고기의 눈

새벽의 의암호는 언제나 깊은 잠에 빠져 있었다. 끊임없이 안개의 분말들이 내 얼굴을 스쳐가고 있었다. 농무 때문에 지척을 분별할 수가 없는 날이 태반이었다. 그런 날은 적요만이 남아 있었다. 소리조차 모조리 안개 속에 묻혀버린 모양이었다. 낚싯대를 던져놓아도 호수는 잠에서 깨어나지 않았다. 이따금 봉돌이 수면 위로 떨어지는 소리가 나지막하게 들리기는 했지만, 이내 주위는 적막 속에 파묻혀 버리고 말았다.

찌를 바라보고 있으면 아무런 상념도 일어나지 않았다. 주변의 풍경들이 농무 속에서 희미하게 형체를 드러내 보였다가 어느 사이에 사라져버리기를 반복하고 있었다. 삼라만상이 해체되어 안개로 기화하고 있었다. 내 육신도 해체되고 있었다. 내 영혼도 해체되고 있었다. 영원히 해가 뜨지 않을 것 같았다. 영원히 짙은 안개 속에서 새벽만 계속될 것 같았다.

물고기를 놓아주고 싶지 않을 때에는 그 눈을 유심히 한 번 들여다보아라. 물고기의 눈에는 일체의 탐욕이 들어 있지 않았다. 일체의 적의도 들어 있지 않았다. 도저히 죽이거나 괴롭히고 싶은 생각이 들지 않게 만드는 눈이었다.

그러나 기온이 떨어지기 시작하면서부터 나는 좀처럼 방생할 기회를 얻지 못하고 있었다. 조황이 매우 좋지 않은 날만 계속되고 있었다. 입질 한 번 보지 못하는 경우가 다반사였다. 간혹 해가 뜰 무렵이면 멀리 호수 중심부에서 커다란 잉어 한 마리가 힘차게 솟구쳐올랐다가는 첨벙하는 소리로 떨어져 내리는 광경을 목격할 때도 있었다. 그러면 내 가슴 속에서도 첨벙하는 소리가 들리면서 오래도록 파문이 번지고 있었다. 내가 처음으로 낚아서 방생해주었던 잉어 한 마리가 어느 사이에 내 가슴속에 들어와 살고 있다는 사실을 나는 비로소 알게 되었다.

정신의 뼈

 연은 결코 무생물이 아니다. 얼레로 의사를 전달해 주기만 하면 즉각적으로 반응하는 생물체였다. 나는 자유자재로 연을 부릴 수가 있었다. 연은 나의 유일한 친구이자 심복이었다. 솔개처럼 빠른 속도로 비행하게 만들 수도 있었으며, 황새처럼 느린 속도로 비행하게 만들 수도 있었다. 하늘 전체를 분주하게 나돌아 다니게 만들 수도 있었으며, 한 자리에서 졸음에 겨운 모습으로 고개를 끄덕거리게 만들 수도 있었다. 하느님에게 보내는 장문의 편지를 쓰게 만들 수도 있었으며, 내 이름 석 자로 하늘을 가득 채우게 만들 수도 있었다.

날마다 가물거리는 시간 속에서 내 정신의 뼈가 녹아내리고 있었다. 내 영혼의 심지도 타 들어가고 있었다.

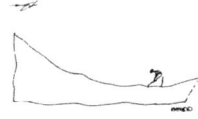

호수

 나는 낚시터로 가면서 펼쳐지는 소양호의 절경을 볼 때마다 꿈을 꾸고 있는 듯한 황홀감에 사로잡히지 않을 수 없었다. 암록빛 호수에 허리를 담그고 묵상에 잠겨 있는 산들. 새하얀 날개를 너울거리며 수면을 스쳐가는 왜가리들. 가슴팍으로 떼지어 몰려와서 아우성치는 바람들. 수면 위로 쏠려 다니는 눈부신 해의 비늘들. 얼굴을 간지럽히며 스쳐가는 물보라의 미립자들. 도시의 기하학적 풍경에만 길들여져 있는 나로서는 신비롭기만 한 정경들이었다. 배를 타면 언제나 정신이 투명해지는 느낌이었다.

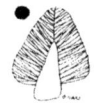

촛불

 나는 촛불을 응시하고 있었다. 의식의 무한 공간 속으로 어지럽게 날아오르던 잡념의 쓰레기들이 말끔히 자취를 감추고 있었다. 내가 알고 있던 일체의 존재들이 허상이었다. 내가 알고 있던 일체의 진실들이 허구였다. 시간이 투명해지고 있었다. 공간도 투명해지고 있었다.
 촛불이 흔들리고 있었다. 나도 흔들리고 있었다. 촛불이 정지하고 있었다. 나도 정지하고 있었다. 촛불이 사라지고 있었다. 나도 사라지고 있었다. 온 세상이 황홀한 빛으로 가득 차 있었다. 나도 황홀한 빛으로 가득 차 있었다.

방패연

나는 방에서 망가진 비닐우산으로 방패연을 만들고 있었다. 이번 겨울에만 벌써 네 번째 만들어보는 방패연이었다. 그러나 이제 나는 연줄이 끊어져도 처음처럼 그렇게 복받치는 울음을 터뜨리지는 않았다. 방패연을 만들어 날리기 시작하면서 마침내 나는 알게 되었다. 이 세상에 존재하는 그 어떤 대상이라도 영원히 내 곁에 머물러 있을 수 없다는 사실을.

마지막 장

나는 나다

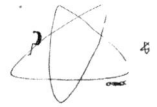

사물을 사랑하는 마음

길이 있어 내가 가는 것이 아니라, 내가 감으로써 길이 생기는 것이다.

언제나 마음 안에 촛불을 환하게 밝혀두고 살아가면 언제나 만물이 아름답게 보이고, 언제나 만물이 아름답게 보이면 언제나 인생이 행복해지는 법이다.

어떤 사물이든지 망아의 상태에서 바라보면, 아름답지 않은 것은 이 세상에 존재할 수 없다는 사실을 알게 된다. 이 세상의 모든 사물들은 아름다움을 담보로 존재하고 있다. 쓰레기는 쓰레기이기 때문에 아름답고, 구정물은 구정물이기 때문에 아름답다. 물벼룩은 물벼룩이기 때문에 아름답고, 날파리는 날파리이기 때문에 아름답다. 단지 망아가 되지 않으면 마음의 눈을 뜰 수가 없기 때문에 육신의 눈만으로 그것들의 겉모양에 머물러 있을 수밖에 없으며, 그것들의 내부에 간직되어 있는 본질적 아름다움에는 도달할 수가 없다.

사물을 아름답게 여기는 마음이 바로 사물을 사랑하는 마음이다.

두 사람의 예술가가 완전한 평화를 나타낼 수 있는 그림을 그리기로 했다. 한 예술가는 화폭에 잔잔하고 조그마한 호수와 그 안에서 한가로이 배를 타고 있는 소년을 그렸고, 다른 예술가는 폭포의 장관을 그렸다. 마구 소용돌이치는 물이 튀어나오는 가장자리에는 한 마리의 새가 집을 짓고 평온하게 알을 품고 있었다. 그 새는 약탈하는 해적으로부터 안전했다. 게다가 용솟음치는 폭포에 의해서 철저하게 보호되고 있었다. 폭포는 그 새를 지켜주는 방패였던 것이다. 진실한 평화는 시련 속에 침착함이 서려 있는 것이다.

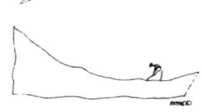

자신을 낚는 법

낚시질은 물고기를 잡아서 식탁 위에 올려놓기 위한 생계수단이 아니라, 마음을 낚아서 우주 속에 방생하기 위한 심신수양이다.

진정한 낚시꾼은 물고기를 낚는 법을 배우기 전에 먼저 자기 자신을 낚는 법을 배워야 한다. 자기 자신을 낚는 법을 배운 다음에는 자기 자신을 방생하는 법을 배워야 한다. 자기 자신을 낚는 일은 온 우주를 낚는 일이며, 자기 자신을 방생하는 일은 온 우주를 방생하는 일이다.

아무리 조력이 오래된 낚시꾼이라고 하더라도 마음속에 탐욕이 남아 있으면 방생의 경지에 도달할 수가 없다. 한

평생 낚시질을 해도 탐욕의 감옥 속에 갇혀서 살 수 밖에 없는 것이다.

  어떻게 해야 영혼이 투명해질 수 있을까.
  만물을 사랑하여 나를 버리려고 애쓰는 자는 저절로 그 영혼이 청명하게 된다.

천국과 지옥에 대하여

나는 천국이 있다고 믿지만, 지옥이 있다는 사실은 믿지 않는다. 원수를 사랑하라는 하느님의 말씀을 믿기 때문이다.

독생자를 보내어 일곱 번씩 일흔 번이라도 용서하라고 가르치는 자비의 하느님이, 지옥처럼 끔찍한 장소를 만들어놓았을 리가 만무하다.

한 뼘의 키가 자라기까지

 한 끼의 밥이 그대 앞에 놓여지기까지 얼마나 많은 사람들의 노고가 필요하며, 한 뼘의 키가 자라기까지 얼마나 많은 생물들의 목숨이 사라져야 하는지 아는가. 지금까지 그대를 존재하도록 만들어주기 위해 얼마나 많은 존재들이 희생되어왔는지 아는가.

 마음이 흥부를 만들고, 생각이 놀부를 만든다. 흥부가 다리를 다친 제비를 보고 불쌍함을 느껴서 치료를 해주었던 것은 마음에서 기인된 행동이지만, 놀부가 멀쩡한 제비의 다리를 분질러서 치료를 해주었던 것은 생각에서 기인된 행동이다.

자신과 대상이 합일되었을 때의 감정은 마음에서 기인되고, 자신과 대상이 분리되었을 때의 견해는 생각에서 기인된다.

생각에 기인해서 인생을 살아가면 번뇌 속에 흔들리게 되고, 마음에 기인해서 인생을 살아가면 평온 속에 안주하게 된다.

마음의 자취

인도에서 실제로 일어났던 일이다.

어떤 사람이 다리 위에서 강물을 내려다보고 있는데 배 한 척이 지나가고 있었다. 그 배에는 두 사람이 타고 있었다. 한 사람은 상전이었고, 한 사람은 노예였다. 상전은 호화로운 의상을 걸치고 있었지만 노예는 벌거벗은 차림새였다.

그런데 상전이 무슨 일로 화가 났는지 가죽 채찍으로 노예의 등가죽을 세차게 후려치기 시작했다. 그때 다리 위에서 그 광경을 내려다보고 있던 사람의 등가죽에도 시뻘건 채찍 자국이 선명하게 그어지기 시작했다.

그것이 바로 마음에서 기인된 현상이다. 대상과 자신이 분리되어 있을 때에는 결코 그런 현상이 일어날 수가 없다. 오직 대상과 자신을 합일시켰을 때에만 그런 현상이 일어날 수가 있는 것이다.

육조 혜능이 남해의 법성사에 이르렀을 때, 마침 인종 법사가 『열반경』을 강의하고 있었다. 그때 바람이 불어 절의 깃발이 나부끼자 스님들 사이에서 논쟁이 벌어졌다.
어떤 스님은 깃발이 나부낀다는 주장이었고, 어떤 스님은 바람이 나부낀다는 주장이었다. 논쟁은 좀처럼 끝날 기미가 보이지 않았다. 그때 슬며시 혜능이 끼어들어서 이렇게 말했다.
"깃발이 나부끼는 것도 아니요, 바람이 나부끼는 것도 아니다. 바로 그대들 마음이 나부끼는 것이다."
혜능은 대상과 자신을 합일시킨 상태였기 때문에 그런 법문을 할 수가 있었던 것이다.

인연이란

『화엄경(華嚴經)』「동종선근설(同種善根說)」에 '일천 겁 동종선근자(同種善根者)는 일국동출(一國同出)이며 이천 겁 동종선근자는 일일동행(一日同行)'이라는 말이 있다. 일천 겁의 같은 선근을 인연으로 해서 같은 나라에 태어나고 이천 겁의 같은 선근을 인연으로 해서 하루를 동행한다는 뜻이었다.

일 겁은 사전적으로 말하면 천지가 한 번 개벽하고 다음 개벽이 시작될 때까지의 시간인데, 불교에서는 버선발로 승무를 추어 바윗돌 하나가 다 닳아 없어지는 시간이라고 말하기도 한다.

인연이란 얼마나 지중한 것인가. 사람이 만나고 헤어지는 일에 우연이란 결단코 없는 법이다.

비버리 민스터에 있는 여러 개의 탑 중 하나에 '지금 아니면 언제'라는 의미심장한 말이 적혀 있는 이상하고도 오래된 문자판 하나가 있다. 그곳의 모든 주민들에게, 그곳을 찾는 낯선 이들에게 그리고 그곳을 지나가는 통행인들 모두에게 아침에도, 정오에도, 해질 무렵에도 그 간단한 질문을 조용히 그러나 끊임없이 던지고 있다.

'지금 아니면 언제.'

아주 간단한 질문이지만, 그것의 암시하는 바는 매우 의미심장하다.

윤회란, 별로 가는 여행

 어떤 시공에서도 끝을 의미하는 죽음이란 결코 존재하지 않는다. 죽음이란 언제나 새로운 출발을 의미할 뿐이다. 죽음은 곧 탄생의 이음동의어에 불과하다. 죽음은 새로 시작하는 것이다. 우리는 날마다 죽으면서 새롭게 태어난다.

 나는 인간이 동물로 다시 태어날 수도 있고, 동물이 인간으로 다시 태어날 수도 있다고 믿는다. 그리고 지구라는 테두리 안에서만 윤회하는 것이 아니라 지구 밖에서도 윤회한다고 생각한다.

 먼지도 하나의 우주를 담고 있다. 그것은 먼지만 한 우주라고 할 수 있다. 천체도 하나의 우주를 가리킨다. 물론 천체만 한 우주를 의미하는 것이다. 인간은 천체와 천체 사이를 윤회하는가 하면 먼지와 먼지 사이를 윤회하기도 한다. 시간과 공간 속을 윤회하는가 하면 그것을 초월해서 윤회하기도 한다. 그러니까 우리는 죽은 후에 다른 별에서 다시 태어날 수도 있는 것이다.

남은 곧 자신의 거울이라. 내 얼굴에 티끌이 묻어 있지 않다면 거울 속의 얼굴에 어찌 티끌이 묻어 있을 수 있으랴.

개가 교회에다 오줌을 누면 소견머리 좁은 목사님은 성전을 더럽혔다고 버럭 화를 내시지만 하느님은 결코 화를 내시지 않는다. 목사님의 성전은 교회이겠지만 하느님의 성전은 온 우주 그 자체이기 때문이다.

옳고 그름에도 얽매이지 말고, 많고 적음에도 얽매이지 말고 있다 없다에도 얽매이지 말라. 비록 세상이 온통 썩어 문드러졌다고 하더라도 조금도 더럽게 여기지 말아야 한다.

편재(偏在)란 얼마나 아름답고 신비스러운 체험인가. 모든 것들 속에 자신이 들어 있었다. 바람이 될 수도 있었고 물결이 될 수도 있었다. 이슬이 될 수도 있었고 햇빛이 될 수도 있었다. 태양이 될 수도 있었고 하늘이 될 수도 있었다. 먼지가 될 수도 있었고 우주가 될 수도 있었다. 우주만물 중에 자비롭지 않은 것은 아무것도 없었다. 그리고 자비로운 것들 중에 아름답지 않은 것은 아무것도 없었다.

모든 하루는 모든 인생의 중심이다.

본디 진실이란 가슴 안에만 존재하지, 일단 가슴 밖으로 나와버리면 그 본질이 달라지고 마는 법이다. 그리고 그 가슴 안에 있던 진실의 빛깔이 짙으면 짙을수록 그것을 밖으로 꺼내기가 어려운 법이다.

세상 만물 중에서 아무리 하찮아 보이는 미물이라고 하더라도 스승 아닌 것이 없다. 아주 작은 먼지 한 점조차도 우주의 절대적 요소 중의 하나라는 사실을 알아야 한다.
하지만 그런 사실을 실감하려면 우선 마음으로써 모든 사물들을 지극하게 바라보는 태도를 가져야만 한다. 그리고 되도록이면 자기 자신의 가치를 최대한 낮추어서 바라보아야 한다.

 흔히 사람들은 개나리, 진달래, 꽃다지, 민들레가 봄에 핀다는 사실을 잘 알고 있다. 그러나 그것들이 겨우내 얼마나 간절하게 햇빛을 그리워한 표정들을 짓고 있었는가를 잘 모르고 있다. 사람들은 마음을 굳게 닫아걸고 사물을 바라보는 습관을 가지고 있기 때문이다.

 좁쌀만 한 크기의 인간에게는 하느님도 좁쌀만큼 작아 보이지만, 하느님만 한 크기의 인간에게는 좁쌀도 하느님만 한 크기로 보일 수밖에 없다. 결국 인간은 모든 대상을 자신의 크기만큼 측량할 수가 있는 것이다.

 잠시도 쉬지 않고 흘러가는 시간의 강줄기를 막아서 댐을 설치할 수 있는 사람은 아무도 없다.
 비록 운명이 하늘에 의해 정해져 있다고는 하나 마음을 어떻게 다스리는 가에 따라 때로는 방향을 달리 할 수도 있는 법이다. 약복재봉(若福再鋒)이면 반위파란(反爲破亂)이라는 말은 그래서 생기게 되었다. 좋은 운이 닥치더라도 마음을 바로 쓰지 못한 자에게는 태산 같은 복조차 사태 같은 액으로 덮치는 것이다.

사기꾼 중에는 두 가지가 있다. 하나는 소인배적인 사기꾼이고 또다른 하나는 군자적인 사기꾼이다. 소인배적인 사기꾼은 남을 속여서 자신의 이득을 취하지만, 군자적인 사기꾼은 남을 속이기는 하되 속인 사람을 이롭게 만든다.

소인배적인 사기꾼과 군자적인 사기꾼은 그 능력 면에서도 현격한 차이가 있다. 우선 소인배적인 사기꾼은 남밖에는 속이지 못하지만, 군자적인 사기꾼은 나도 속이고 남도 속이고 하늘까지도 속일 수 있다. 그리고 소인배적인 사기꾼은 오직 허위로 남을 속이지만, 군자적인 사기꾼은 허위와 진실 두 가지를 모두 사용해서 남을 속일 수가 있다. 남의 이목이야 허위로써 속일 수가 있지만, 나와 하늘을 어찌 허위로써 속일 수 있단 말인가.

소인배적인 사기꾼과 군자적인 사기꾼은 그 종말조차도 판이하게 다르다는 사실을 알아야 한다. 소인배적인 사기꾼은 결과적으로 남을 상하게 함은 물론 자신조차도 상하게 만든다. 그러나 군자적인 사기꾼은 정반대라고할 수 있다. 남도 이롭게 하고 나도 이롭게 하면서 하늘의 뜻에 조금도 어긋남이 없는 것이다.

인간이 길이라는 것을 만들어놓기 이전에는 온 천하가

모두 다 길이었다. 인간은 어쩌면 길을 만드는 순간부터 길을 잃어버렸는지도 모른다.

레테의 강이라는 것이 있다. 그것은 현실의 강이 아니라 신화 속의 강이다. 누구나 이 강을 건너게 되면 과거의 기억을 잊어버리게 되는 망각의 강……. 슬프고 외롭고 억울하고 그래도 조금은 기쁘고 조금은 행복했던 인간 만사의 모든 사연들을 백지로 화하게 하는 강…….
결국 레테의 강은 죽음을 의미하는 것이다.

공존

 지금 우리가 살고 있는 이 공간 어딘가에 정말로 우리가 전혀 의식할 수 없는 또 다른 차원의 공간이 존재하고 있는 것은 아닐까.

 영원히 죽지 않는 뱀 두 마리가 있었다. 불사사(不死蛇)라고 불리는 뱀이었다. 한 마리는 백사(白蛇)였고, 다른 한 마리는 흑사(黑蛇)였다. 이 두 마리의 뱀은 색깔만 달랐지, 모든 것들이 똑 같았다. 크기도 힘도 지혜도 모두 똑같았던 것이다.
 그런데 이 두 마리의 뱀은 만나기만 하면 서로 잡아먹도록 숙명 지워져 있었다. 그리고 어느 날 마침내 만나고야 말았다. 따라서 만나자마자 숙명대로 서로를 잡아먹기 위해 거의 동시에 상대편의 꼬리를 물었다. 그리고 똑같은 속도로 상대편을 먹어치우기 시작했다.

잠시 후에 두 마리의 뱀은 지상에서 보이지 않게 되었다. 서로가 상대편을 모조리 잡아먹어버렸기 때문이다.

그런데 더욱 재미있는 것은 뱀이 지상에서 보이지는 않지만 계산상으로는 네 마리로 불어났다는 사실이다. 그런데 어째서 두 마리의 뱀이 네 마리로 불어났을까. 왜냐하면 그 두 마리의 뱀은 영원히 죽지 않는 불사사였기 때문이다. 제각기 뱃속에 살아 있는 뱀을 한 마리씩 가지고 있게 되었으니까 도합 네 마리가 된 것이다.

하지만 이 이야기 속에는 무슨 뜻이 숨겨져 있을까.

강한 것을 이기는 것이 부드러운 것이고, 부드러운 것을 이기는 것은 고요한 것이다.

우주를 비추는 거울

 이 세상에 널려 있는 모든 것들 중에서 하찮고 무의미한 것은 하나도 없는 법. 언제나 작은 것 속에는 큰 것이 들어 있고 하찮은 것 속에는 고귀한 것이 들어 있으되 단지 우리가 그것을 보지 못할 뿐이다.
 인생은 우리가 관심을 보이기만 하면 언제 어디서나 아주 고귀한 것으로 바뀐다. 어떤 짧은 순간도, 아무리 사소한 사건이라도, 다른 어떤 것보다 하찮거나 덜 소중한 것이란 있을 수가 없다. 우리가 눈이 되어 내리고 싶듯이, 누구는 비가 되어 내리고 싶을지 알 수가 없는 것이다.
 우주만물 중에서 아무리 하찮은 것이라고 하더라도 제

각기 나름대로 마음이라고 하는 것을 가지고 있는데, 이는 곧 우주를 비추는 거울이며 우리가 태어난 곳으로 되돌아갈 통로라고 할 수 있다.

실제, 깨달음

 지성이란 지식과는 달라서 많은 법칙을 기억하고 많은 공식을 기억하고 많은 단어를 기억하고 많은 인명이나 연대를 기억한다고 해서 저절로 생겨나는 것이 아니다. 지성은 지식을 통한 깨달음에 의해서 생겨나는 것이므로 두뇌에 있지 않고 가슴에 있다.

 과학이라는 이름의 측량계로는 아직 측량할 수 없는 것들이 너무나 많다. 과학은 가정으로부터 출발한다. 그러나 때로는 그 가정 자체가 오류일 수 있다.
 과학적으로 증명되어지지 않는다고 해서 실제가 사라져

버리거나 변형되어 버리지는 않는다. 실제는 어디까지나 실제이기 때문이다.

그대는 아는가

참으로 위대한 사람은 이 세상에 위대하지 않은 것이 단 한 가지도 없다는 사실을 스스로 깨달은 사람이다.

저 세간의 눈 먼 자들은 행복이 마음 바깥에 있는 것으로 착각하면서 살아가고 있지만 행복이란 결코 마음 바깥에 있는 것이 아니다. 행복이 마음 바깥에 있다고 생각하는 자들은 행복하면서도 행복한 줄 모르고 있기 때문에 불행한 것이다.

하루살이에게 내일 일을 말해 준들 어찌 알며, 매미에게 내년 일을 말해 준들 어찌 알랴. 어느 천 년에 먼지 속의 우주를 깔고 앉아 먼지 밖의 우주와 노닐어볼 것인가.

  그대는 아는가. 이 세상의 모든 탑들이 소망으로 이루어지고 그 소망이 하늘 한복판을 떠받치고 있다는 사실을.

도인을 찾아서

모든 병은 마음으로부터 오는 것이니 마음이 고요하고 맑은 사람은 몸도 고요하고 맑아서 언제나 자연과 잘 조화를 이루고 불로장생을 누릴 수가 있다. 그 어떤 중병도 처음에는 극히 대수롭지 않은 균형의 깨어짐으로부터 비롯되어지는 것이기 때문에 마음을 항시 우주의 중심부에다 두고 있으면 만사가 형통하게 이루어진다.

어디를 가더라도 그대가 바로 우주의 중심부라는 사실을 잊어버리지 말라.

도인을 찾아서 먼 산 속을 헤매지 말라. 차라리 그대의 주위를 둘러보아라. 머리 위에 백설이 내린 사람이 있으면 모두가 도인이리니.

아무리 작은
한 점의 먼지라고 하더라도

신과 인간에 대하여—신은 인간의 모습을 오직 공통된 형태로 창조해 내었지만, 인간은 얼마나 다양한 형태의 신을 창조해 내었는가.

이 지구상에 있는 것이라면 그것이 아무리 작은 한 점의 먼지라고 하더라도 어떤 보이지 않는 에너지로 가느다랗게 다른 사물들과 연결되어져 있다. 인간은 결코 혼자가 아니다. 다만 혼자라고 믿고 있을 뿐이다.

물질의 풍요는 미를 치장할 수는 있지만 미 자체는 될 수 없다.

먼지에서 내가 얻어낸 교훈

 마음의 눈을 통해서 들여다보면 먼지 속에도 그대가 육안으로는 본 적이 없는 무한한 공간이 있고 은하계가 있고 태양계가 있고 달이 있고 별이 있다는 사실을 알게 되리라. 시가 있고 아침이 있고 꽃이 있고 그리움이 있음을 알게 되리라.

 우리를 창조한 절대적인 존재인 하느님께서는 전지전능하심으로 우주만물을 손수 창조하셨나니, 세상의 미물 하나라도 하찮은 것이 없도다.

 인간에게 설움 받는 모든 것들이여! 슬퍼하지 마라. 어차피 삼라만상이 하나에서 태어나 하나로 돌아가리니, 우주라는 것을 너무 어렵게 생각하지 말라. 그대도 바로 하나의 우주이니.

그대여, 만약 그대도 마음의 눈이 뜨여 있다면 인정하리라. 작은 먼지의 입자 하나도 얼마나 거대한 우주인가를.

마침내 나는 위안 하나를 발견하게 되었다. 그것은 바로 먼지로부터 발견한 위안이었다.

먼지에서 내가 얻어낸 교훈은 사는 것이 그리 대단한 의미를 가진 것이 아니라는 사실이었다. 따라서 만나고 헤어지는 것도 그리 대단한 의미를 가진 것이 아니었다.

깊이 생각해 보라. 겉이란 그리 중시할 바가 못 되는 것이다. 마음의 눈을 뜨고 가만히 응시하고 있으면 허공에 떠다니는 먼지 한 점도 깊은 뜻이 담겨 있는 말씀으로 다가오거늘, 겉만 번드레하고 속은 비어 있는 자들이여, 너무 그렇게 잘난 척하지 마시라. 혹시 지렁이가 웃을지도 모르니까.

말놀이는 어디까지나 말놀이에 불과할 따름이다. 말놀이는 순간적으로 언어를 반짝거리게 하지만 결코 보석처럼 그 모양과 빛을 오랫동안 간직할 수는 없다.

윤회의 강물 뒤에는

우리는 다시 만나더라도 소중한 말은 그냥 가슴에 안아 간직해 두고 그저 먼 허공이나 바라보는 것은 어떠한가. 우리는 이미 전생의 먼지로서 어디에선가 만나고 있을지도 모르는데 이승의 어리석은 마음으로 모질게 가슴을 태울 필요가 있겠는가. 또한 수없이 많은 세월이 흐른 후에는 현재의 우리도 먼지가 되어 한 번 다시 만날 수 있을지도 모르는 것을.

아, 저 멀고 먼 윤회의 강물 뒤에는 도대체 나의 어떤 행적들이 감추어져 있는 것일까?

인간은 소리로도 윤회할 수가 있고 빛으로도 윤회할 수가 있다. 이 세상에 태어나 울고 웃는 모든 일들이 그 행적들과 무관하지 않으리라.

도(道)에 대하여

　말할 수 있는 도는 도가 아니다. 도는 실재한다는 확실성을 가지고 있으면서도 움직임과 형체가 없다. 그것은 마음과 마음으로 전해지기는 하지만 손으로 받거나 잡을 수는 없다. 그것은 터득되어지기는 하지만 보여지지는 않는다. 그런데 어떻게 말이나 글로써 전달할 수가 있겠는가?

　끊임없이 마음을 닦아서 도에 이르면 누구나 다 우주와의 합일감을 얻게 되고, 자신이 신으로부터 떨어져 나온 하나의 개체라는 사실을 알게 된다.
　우리가 죽게 되면 어떻게 되겠는가? 지상에서 얻은 육신은 지상에다 되돌려주고 천상에서 얻은 정신과 영혼은 천상에다 다시 되돌려주어야 한다. 그렇다고 해서 자아가 없어지는 것은 아니다. 우리의 자아는 사후에 또 다른 요소와 결합해서 적합한 세상으로 거듭 태어나게 되는 것이다. 이러한 것을 알게 되면 눈앞의 현실이 어찌 대수로우랴.

그러나 마음이 잡스러운 생각으로 가득 차 있으면 우주의 진의가 들어갈 자리가 없다.

내가 찾아 헤매는 도는 진정한 도가 아닐지도 모른다.

내가 찾아 헤매는 바다 또한 진정한 바다가 아닐지도 모른다.

마음속에 내가 만들어놓은 도. 내가 만들어놓은 바다에 가리워져 진정한 도와 진정한 바다를 보지 못하고 있는 것은 아닐까……

원수가 강물에 빠져서 허우적거린다고 하더라도 일단 건져주고 난 다음에 다시 선악을 따지는 것이 인간다운 행동이다.

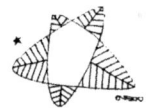

내면의 아름다움은 영원하다

사람의 감각 기관이란 곧 피로하게 되는 것이어서 같은 음식만 먹어도 이내 물려버리고 같은 노래만 들어도 곧 싫증이 나고 만다. 따라서 눈으로 바라보는 것도 역시 마찬가지라고 할 수가 있다. 아무리 아름다운 것이라고 하더라도 같은 것을 오랫동안 바라보면 그만 외면하고 싶어지는 것이다. 하지만 내면의 아름다움은 그렇지가 않다. 내면의 아름다움은 영원하다.

그렇다면 그 내면의 아름다움이란 어떻게 해서 이루어지는 것인가? 그것은 정서의 순화와 사랑의 지속에 의해서 이루어진다. 결코 돈이 많아서 생기는 것도 아니고 빽이 좋아서 얻어지는 것도 아니며 권력이 막강해서 긁어모을 수 있는 것도 아니다.

  그것은 길바닥에 내버려져 있거나 백화점에 진열되어 있거나 냉장고 속에 저장되어 있지도 않다. 그것은 사람의 가슴속에 깃들어 있는 것이므로, 사람의 가슴속에서 밖으로 끄집어낼 수가 없다.

티끌 한 점 없는 가을 하늘

우주 전체가 하늘님의 성전이며 나 또한 하늘님의 작은 성전이라는 사실을 항상 기억하고 있어야 한다.

대부분의 사람들은 하얀색만 순수한 줄 알고 있다. 하지만 그것은 아직 순수가 무엇인지를 제대로 모르고 있기 때문이다. 알고 보면 하얀색만 순수한 것은 아니다. 파란색은 파란색대로 순수하고 노란색은 노란색대로 순수하다. 똥색은 똥색대로 순수하고 밤색은 밤색대로 순수하다.

개 눈에는 똥만 보이고 부처님 눈에는 부처님만 보이는 법이다.

부처님 터럭을 잘라 싸리비를 묶어서 도인 하나가 아침 나절 마당을 쓰니 티끌 한 점 없는 가을 하늘이 냉수 사발 가득히 담겨 있구나.

먼저 스스로 구도자가 되어야 한다. 나 하나의 마음이 탁해지면 온 우주가 탁해진다.
나 하나가 깨달으면 온 천하가 깨닫는다.

은유의 마을과 직유의 마을

낚싯바늘 하나에 천 근의 탐욕이 매달려 있다. 낚시꾼이란 탐욕을 채우기 위해 낚시질을 하는 도락가가 아니라 탐욕을 버리기 위해 낚시질을 하는 수행자라고 할 수 있다.

인생을 살아가다 보면 때로는 신화보다 현실이 몇 배나 더 신비스럽다는 사실을 체험으로 알게 되는 경우가 허다하다.

은유의 마을과 직유의 마을. 두 마을은 얼마나 커다란 차이를 가지고 있는가.

은유의 마을은 열린 세상이었고, 직유의 마을은 닫힌 세상이었다.

천지가 극명한 빛으로 확산되어지더니 갑자기 일체의 생각들이 끊어져버렸다. 존재하는 것은 아무것도 없었다. 시간도 없고 공간도 없었다. 무(無)도 없고 공(空)도 없었다. 적멸의 상태만 거기 있었다.

천하가 다 내 집인데, 왜 갈 데가 없겠느냐.

소중한 가치

이 세상에서 일어나고 있는 일들이 모두 기적이다. 그래서 우주만물의 참다운 진리를 깨달은 도인이라고 하더라도 좀처럼 신통력 같은 것을 쓰지 않는다. 쓰게 되면 오히려 만물의 질서를 그르치게 되고, 결국은 그 책임이 자신에게도 돌아오고야 말기 때문이다.

신통력 따위는 수행의 껍질에 불과하다. 그런 따위에 관심을 기울이게 되면 진정한 수행의 본질을 망각하고 자기 과시나 일삼는 술사로 전락하기 십상이기 때문이다.

만약 세상에서 카메라를 모조리 없애버린다면 어떤 현상이 생길까. 나는 우선 카메라를 이 세상에서 간단하게 지워버렸다. 자연히 카메라에 관계된 부속품도 사라졌고, 그것들을 만드는 공장도 사라졌다. 이어서 그것들을 판매하는 회사도 사라졌고, 그것들과 관계된 인간들도 사라졌다. 촬영기사도 사라졌고, 사진작가도 사라졌다. 사진관도 사라졌고, 영화관도 사라졌다. 인화지도 사라졌고, 스크린도 사라졌다. 당연히 그것들과 관계된 인간들도 사라졌다. 뿐만 아니라 그 인간들과 관계된 수많은 사물들도 연쇄적으로 사라졌다. 관계되고 관계되고 관계된 것들이 사라졌다.

그러다가 일순 나는 깜짝 놀라고 말았다. 계속되는 사라짐 속에서 놀라운 사실 하나를 깨닫게 되었기 때문이었다. 사라지고 사라지고 사라짐을 계속하다 보면, 결국은 나도 사라질 수밖에 없다는 사실을 알게 되었기 때문이었다. 나뿐만이 아니라 지구 전체가 사라질 수밖에 없다는 사실을 알게 되었기 때문이었다.

이 세상에서 필요하지 않은 것은 아무것도 없다. 이 세상의 모든 존재는 아무리 하찮은 미물이라고 하더라도 저마다 소중한 가치를 지니고 있으며, 대우주를 형성하는 필수적인 구성요소라는 사실을 알아야 한다.

낚시의 진미는 고요함에 있다. 경지에 달한 낚시꾼일수

록 붕어를 선호하는 이유는, 붕어가 고요를 깨뜨리지 않는 성품을 가지고 있는 물고기이기 때문이다. 낚시질은 집중력을 통해서 고요함의 진미를 알게 만들고, 고요함의 진미를 통해서 망아의 경지를 알게 만들며, 망아의 경지를 통해서 적멸의 경지를 알게 만들고, 적멸의 경지를 통해서 우주의 본질을 알게 만드는 공부라고 할 수 있다. 그래서 입질이 자주 들어올 때보다는 입질이 전혀 들어오지 않을 때 오히려 낚시의 진미를 알게 된다. 입질이 자주 들어오면 고요를 깨뜨리기 때문에 공부에 방해가 되기 때문이다.

촛불이 흔들리면 나도 흔들렸다. 촛불이 안정되면 나도 안정되었다. 때로는 온 세상이 황홀한 빛으로 가득 차 있었다. 때로는 나 자신도 황홀한 빛으로 가득 차 있었다. 나는 비로소 만물이 눈물겹게 아름답다는 사실을 알게 되었다. 그 순간이 합일된 상태였을까. 나는 그런 상태라면 채찍을 맞아도 아프지 않으리라는 생각을 하고 있었다.

※ 이 책은 『이외수가 전해주는 마음의 열쇠, 뼈』(2004, 동방미디어)의 개정판입니다.

사랑 두 글자만 쓰다가 다 닳은 연필

초판 1쇄 2004년 4월 20일
개정판 1쇄 2007년 12월 15일
개정판 18쇄 2015년 10월 20일

지은이 | 이외수
펴낸이 | 송영석

주간 | 김수영
책임편집 | 이진숙 **외부교정** | 정진라
기획편집 | 김윤정 · 차재호 · 문미경 · 이현정 · 김영은
외서기획 | 박수진
디자인 | 박윤정 · 박새로미 · 김지언 · 남미현
마케팅 | 이종우 · 김정혜 · 이인택 · 한명회 · 황지현 · 김유종
관리 | 정미희 · 송우석 · 황규성 · 김지희

펴낸곳 | (株)해냄출판사
등록번호 | 제10-229호
등록일자 | 1988년 5월 11일

서울시 마포구 잔다리로 30(서교동 368-4) 해냄빌딩 5·6층
대표전화 | 326-1600 **팩스** | 326-1624
홈페이지 | www.hainaim.com

ISBN 978-89-7337-889-0

파본은 본사나 구입하신 서점에서 교환하여 드립니다.